mnl. muul-, muylbe(e)r(e), moer-, mo(o)r-, moir-, murbes(ie) *f.*; *ae.* mórberige *f.* (*vgl. Bosw.-T., Suppl. S. 642*); *Erstglied* môr- *aus lat.* morum, *Erstglied* mûr- *aus der Nebenform mlat.* mur-, *Erstglied* mûl- *durch Dissimilation, vgl. FEW VI,3,158 mit Anm. 46. – Graff III,204.*

mora-beri: *nom. pl.* Gl 1,321,26 (*3 Hss., darunter Sg 9, 9. Jh., Sg 295, Gll. 9./10. Jh.?*). – **mor-per-:** *nom. sg.* -] Gl 1,692,27 (*M; ᵐo-, n getilgt u.* m *übergeschr.*); *acc. pl.* **-i** 671,6 (*M, 6 Hss.*); **-ber-:** *nom. sg.* **-i** 2,626,3; *nom. pl.* **-i** 1,321,27; *dat. pl.* **-igin** 2,683,43.

mur-per-: *nom. sg.* **-i** Gl 1,692,27 (*M*); -] ebda. (*M*); *gen. sg.* **-ies** 25 (*M, 5 Hss.*); *acc. pl.* **-i** 671,6 (*M, 2 Hss.*); **-ber-:** *nom. sg.* -] 3,561,12; *nom. pl.* **-i** 1,321,26/27.

mule-bᵉe: *nom. sg.* Gl 3,49,15. – **mul-per-:** *nom. sg.* **-i** Gl 1,692,28 (*M*); *acc. pl.* -] 671,8 (*M*); **-ber-:** *nom. sg.* **-e** 3,99,72 (*SH A, 4 Hss., 1 Hs.* -v-). 100,1 (*SH B, vgl. Hbr. II,559,43*). 2 (*SH A, 2 Hss.*). 197,42 (*SH B*). 303,36 (*SH d; oder plur.?*). 561,12; -] 100,1 (*SH A, 2 Hss.*). 197,42 (*SH B*). 543,8. Hbr. I,186,219 (*SH A*); *dat. pl.* **-in** Gl 2,698,13; **-en** 3,414,76 [HD 2,257]; **mûl-ber:** *nom. sg.* 5,35,2 (*SH A*); **maul-per:** *dass.* 3,100,2 (*SH A, 15. Jh.*).

Verschrieben: **mos-bere:** *nom. sg.* Gl 3,580,61.

Maulbeere, Frucht von Morus L. (*vgl. Marzell, Wb. 3,217ff.*): rubus est genus uirgulti spinosi thornstuda (*fehlt in einer Hs., 1Hs.* thornesstûda) ł brama (*1 Hs.* brâmahi) in quo moraberi crescunt [*zu:* (*Mose*) *videbat quod*] *rubus* [*arderet, et non combureretur, Ex. 3,2*] Gl 1,321,26. murperi [*Amos pastor, et rusticus, et ruborum*] *mora* (*Hss.* *moros*) [*distringens, paucis verbis explicari non potest, Am., Hier. Paulino p. XV*] 671,6 (*zum lat. Lemma vgl. DML VI,1845ᵇ s. v. morus*). murperies (*4 Hss. noch* ł muri .i. musi (*vgl. s. v.* mûs *st. f.*)) [*elephantis ostenderunt sanguinem uvae et*] *mori* [*, ad acuendos eos in proelium, 1. Macc. 6,34*] 692,25 (*vgl.* Gl 5,97,18). morberi [*sanguineis frontem*] *moris* [*et tempora pingit, Verg., E. VI,22*] 2,626,3. 698,13, *z. gl. St.* roten morberigin 683,43. mulebere *mora* (*zum lat. Lemma vgl. DML VI,1845ᵇ s. v. mora*) 3,49,15. 99,72 (*3 Hss. noch* vel tûbberi; *im Abschn. De fructibus arborum*). 100,1. 197,42 (*1 Hs. noch* vel tûbberi). 303,36 (*Hs. mori*). 580,61 (*Hs. mura*). 5,35,2 (*Hs. noch* vel tûbberi). Hbr. I,186,219 (*Hs. noch* vel tûbberi). mulberen *moris* Gl 3,414,76 [HD 2,257] (*in lat. Text*). mulber *mora celsi* 543,8 (*vgl. celsa idest mora domestica, CGL III,538,17*). 561,12 (*1 Hs.* murber).

morachsamo Gl 3,484,32 *s.* uuildimorahsâmo.

morah *s.* mor(a)ha.

mor(a)ha *sw. f.*, **morah** *st. m.* (*auch st. f.?*), *mhd.* mor(c)he, more *sw. f.*, morch *st. f.*, *nhd.* möhre, *dial. schweiz.* morach *m. f. Schweiz. Id. 4,379, bair.* môrach *f. Schm. I,1641, schwäb.* morchᵉ *m. f. Fischer 4,1748, tirol.* morche, marche *f.*, morch *m. Schatz, Tirol. Wb. 2,431*; *as.* morha *f.*, *mnd.* mōre, *mnl.* more; *ae.* more, moru *f.* – *Graff II,845.*

Schwaches Fem.: **mor-aha:** *nom. sg.* Gl 3,251,1 (*SH a2; vgl.* Hbr. II,566,13). 283,16 (*SH b, 2 Hss.*). 284,10 (*SH b, 2 Hss.*). 305,54 (*SH d*). 476,53. 573,45 (*vgl. in ders. Hs. noch* mouroch Gl 3,573,49, *s. u.*). 578,16. Thies, Kölner Hs. S. 178,9 (*SH*); **-eha:** *dass.* Gl 3,251,1 (*SH a2*). 341,43 (*SH g, 3 Hss.*). 506,16; **-ihe:** *dass.* 679,32; **-ohę:** *dass.* 5,43,47 (*lat. gen. sg.*); **-acha:** *dass.* 3,513,48 (*Hs.* mår-); **mòrihe:** *dass.* 513,48/49; **morh-:** *dass.* **-a** 108,34 (*SH A, 2 Hss.*). 199,23 (*SH B*). 251,2 (*SH a2*). 321,68 (*SH e*). 326,67 (*SH f*). 513,48 (*Hs.* morah). 573,45. 586,29. 5,42,32. Add. II,101,6. Hbr. I,202,403 (*SH A*); **-e** Gl 3,251,2 (*SH a2*). 576,36. 580,44. 591,63 (*lat. abl. sg.*). 4,235,3; **-i** 5,36,46 (*SH A*); *nom. pl.* **-en** 3,526,22. 531,11; **morche:** *nom. sg.* 597,37; **mòrha:** *dass.* 582,21 (*2 Hss., vgl.* Beitr. (Halle) 85,241); **mòrhen:** *dat. sg.?* 4,367,36 (*lat. abl. sg.*); *nom. pl.* 3,550,60. 563,35; *zum Umlaut vgl. Schrader, Festschr. Berthold S. 378ff. – Hierher auch* (?): **moraha:** *nom. sg.* Gl 4,364,14 (*vgl.* Beitr. (Halle) 85,242; *oder Dat. Sing. mit* -a *für* -e *u. starkes Mask.* (?), *vgl. dazu Franck, Afrk. Gr.² § 131,1*).

Mit h-*Ausfall* (*erst ab 13. Jh. belegt*): **mor-:** *nom. sg.* **-a** Gl 3,593,35; **-e** *dass.* 49,51. 595,30. 598,46 (*beide lat. gen. sg.*). Beitr. 73,260,97 (*lat. abl. sg.*). 263,195; *nom. pl.* **-en** Gl 3,536,27. 537,29. 544,13 (*lat. sg.*). 550,59 (*2 Hss.*). 563,35 (*lat. sg.*).

Starkes Mask.: **morahes:** *gen. sg.* Gl 5,29,15. Mayer, Glossen S. 50,5; **morhes:** *gen. sg.* ebda. S. 71,11; **morroucha:** *nom. pl.* Beitr. 73,252,6 (*zu* -ou- *vgl. FEW VI,1,546 s. v.* mauricula). – *Hierher auch, oder in einigen Belegen starkes Fem.* (*? Vgl. Splett, Ahd. Wb. I,2,633*): **mor-ah:** *nom. sg.* Gl 3,476,37; **-oh:** *dass.* 680,13; **-ach:** *dass.* 573,45 (*Sg 299, 9. Jh.*). 48 (*clm 14717, 9. Jh.*); **-òch:** *dass.* 679,44 (*zu* -ou- *vgl. FEW a. a. O.*); **mour-och** (*zu* -ou- *vgl. Braune, Ahd. Gr.¹⁵ § 32 Anm. 7*): *dass.* 573,49 (*vgl. in ders. Hs. noch* moraha Gl 3,573,45, *s. o.*); **-uhc:** *dass.* 578,36; **morh:** *dass.* Beitr. 73,231 (*nach* Gl 4,366,6; -rh *undeutlich*).

Verschrieben: **moralía:** *nom. sg.* Gl 3,283,17 (*SH b*); **mornhen:** *nom. pl.* 536,27; **moròtz:** *nom. sg.* 564,20; **muorin:** *nom. pl.?* Beitr. (Halle) 85,235,11.

1) (*Garten-*)*Möhre, Daucus carota L.* (*vgl. Marzell, Wb. 2,52ff.*): more *pastinaca* Gl 3,49,51 (*1 Hs.* pestinac); *die lat. Lemmata der folgenden Gll. haben u. a. die Varianten pesti-, pertinaca, pastinatia, pastina, pasticum:* 251,1 (*1 Hs.* morhila; *vgl.* Hbr. II,566,13). 283,16. 284,10. 305,54. 321,68. 326,67. 341,43. 513,48. 531,11. 544,13. 563,35. 564,20. 573,45 (*1 Hs. noch übergeschr.* pestinaga, *vgl. Steinm., 1 Hs. nur* pestinac). 576,36. 580,44. 582,21. 586,29. 4,235,3. 5,42,32. Add. II,101,6. Thies, Kölner Hs. S. 178,9. *baucia pastinaca* Gl 3,526,22. 536,27. *baucia* 537,29. 550,59; *zu lat. baucia, -ium vgl. Mlat. Wb. I,1397,27. Marzell, Wb. 2,53. scarauida ł cariota* 573,48 (*zu scarauida vgl. Steinm. z. St. u. Mlat. Wb. II,301,35. 39ff.*). *scariudra* 578,36 (*zum lat. Lemma vgl. Mlat. Wb. II,301,40*). 680,13 (*Hs. scarindra, vgl. dazu Mlat. Wb. II,301,41 u. Diefb., Gl. 517ᵃ*). *cariolus* 578,16 (*wohl verschr. für cariota, vgl. Mlat. Wb. II,301,41*). de *pastinaca* vel morhe [*Macer Flor. XXXVII, Überschr.*] 591,63 (*Ausg. nur pastinaca*). di morche *pastinaca* (*Hs. pastica vel pastina*) [*ebda.*] 597,37. mòrhen *pastinaca* (*Hs. De pastinaca*) [*ebda.*] 4,367,36. Beitr. 73,260,97 (*Hs. De pastinaca; danach* pasternache *pastinace*). De *pastinaca* .i. morh [*ebda.*] 231 (*nach* Gl 4,366,6). more [*est*] *pastinacae* [*virtus in semine tantum et radice sua, ebda. 1264*] Gl 3,595,30. 5,43,47. moraha pastinaga [*de*] *pastinaca* [*Dynam. 412,35, Überschr., oder zu:*] *pastinaca* [*calida et austera in radice et semine, ebda. 412,35*] 4,364,14 (*vgl.* Beitr. (Halle) 85,242; *Hs. pastenaga*). more *pastinaca* [*zu Macer Flor.*] Beitr. 73,263,195. *pastinaca* .i. muorin ł pastanilun Beitr. (Halle) 85,235,11; – *Wilde Möhre: morha pastinaca silvatica vel rustica vel agrion staphilon* [*Hbr. I,202,403*] Gl 3,108,34 (*6 Hss.* mor(a)hila). Hbr. I,202,403. Gl 5,36,46. *pastinaca silvatica vel rustica* 3,199,23. *pestinaca siluatica*, simił moreha 506,16; *in der Verbindung* uuildi mor(a)ha (*oder als Komp. aufzufassen* (?), *vgl.* uuildimorahsâmo)*:* uuilde mora *pastinaca* (*Hs. De pastinaca*) [*Macer Flor. XXXVII, Überschr.*] 593,35. wilde more [*est*] *pastinacae* [*virtus in semine tantum et radice sua, ebda. XXXVII,1264*] 598,46.

2) *übertr. auf ähnliche Pflanzen: Kälberkropf, Chaerophyllum L.* (*? Vgl. Marzell, Wb. 1,909ff.*)*:* moraha ł chalberscherne *pastinaca* Gl 3,476,53 (*zu* Kälberkropf *u.* Möhre *auch als Bez. für den Wiesenkerbel, Anthriscus silvestris Hoffm., vgl. Marzell, Wb. 1,333. 335; oder als Alternativgl. zu* 1); – *hierher auch, als Bez. einer nicht näher bestimmbaren* (*Futter-*)*Pflanze:* morah *ocimum* (*vgl. Thes. IX,412,76ff. s. v. ocinum*) Gl 3,476,37 (*zu einer möglichen Gl.-Grundlage ocimo eruca, CGL III,548,32 u. a., vgl. Steinm. z. St.; zu ocimo aus euzomon 'Rauke' vgl. Fischer-Benzon S. 178,1 u. Marzell, Wb. 3,366*). morihe *pastinaca uł ozimum* 679,32; *Fehlglossierung durch Verwechslung von ocimum 'Basilikum' mit ocinum 'Futterpflanze':* morahes [*tradunt decem cancris cum*] *ocimi* [*manipulo alligatis, omnes qui ibi sunt scorpiones ad eum locum congregari, Is., Et. XII,6,17, PL 82,452B*] 5,29,15. Mayer, Glossen S. 50,5. *ocimi* .i. morhes [*zu ebda.*] 71,11.

3) *Morchel, Morchella esculenta L.* (*vgl. Marzell, Wb. 3,213ff.*)*:* morŏch *tuber* Gl 3,679,44. morroucha [*anseris ante ipsum magni iecur, anseribus par altilis, et … fumat aper, post hunc tradentur*] *tubera* [*Juven. 5,116*] Beitr. 73,252,6.

Abl. mor(a)hila; *vgl.* uuildimorahsâmo.

Vgl. Schrader, Festschr. Berthold S. 355–470.

[Schmidt]

mor(a)hila *st.* (*u. sw.*) *f., mhd.* mor(c)hel *st. f., nhd.* morchel (*in anderer Bed., vgl. dazu FEW VI,1,546 s. v.* mauricula *u. Pfeifer, Et. Wb.² S. 889 s. v.* morchel). – *Graff II,845.*

morh-il-: *nom. sg.* **-a** Gl 3,108,28/34 (*SH A, 3 Hss.*); **-el-:** *dass.* **-a** 27 (*SH A*). 482,57 (*2 Hss.*). 483,39 (*2 Hss.*); **-]** 108,28 (*SH A*). 251,3 (*SH a2*). 482,57. 483,39/40. 4,189,37 (*2 Hss., in 1 Hs.* -l *aus* ?h *rad.*). Mayer, Glossen S. 123,6; **-ell:** *dass.* Gl 3,108,28 (*SH A*); **mo̊rhila:** 590,48.

Schwach flektiert (*? Vgl. Braune, Ahd. Gr.¹⁵ § 208 Anm. 2, Kluge, Stammb. § 56b*)*:* **mo̊rheln:** *nom. pl.?* Gl 3,520,59 (*clm 9607, Hs. 14. Jh.; oder Nom. Sing. mit* -n *aus den obliquen Kasus; zum Umlaut vgl. Schrader, Festschr. Berthold S. 378ff.*).

(*Garten-*)*Möhre, Daucus carota L.* (*vgl. Marzell, Wb. 2,52ff.*)*:* morhel *pastinaca* Gl 3,251,3 (*4 Hss.* mor(a)ha). 482,57 (*Hs. pertinaca*). 520,59 (*Hs. pestinaca*). mo̊rhila *pastinaca* (*Hs. De pastinaca*) [*Macer Flor. XXXVII, Überschr.*] 590,48. morhel *pastinaca herba* 4,189,37. Mayer, Glossen S. 123,6; *hierher wohl auch:* morhela *scumaria* [*vgl. scumaria* (*id est*) *maurella, CGL III,595,36. 629,35*] Gl 3,483,39 (*zu scumaria 'Knoten-Braunwurz' vgl. Stirling, Lex. 4,86 s. v. scrophularia u. Marzell, Wb. 4,186 s. v. Scrophularia nodosa L.; zu mau-, morella vgl. Stirling a. a. O. 3,144; vielleicht beruht die Glossierung mit ahd.* mor(a)hila *auf der graphischen Ähnlichkeit mit diesem lat. Interpretament*); – *Wilde Möhre:* morhela *pastinaca silvatica vel rustica vel agrion staphilon* [*Hbr. I,202,403*] Gl 3,108,27 (*2 Hss.* mor(a)ha).

Komp. feldmor(a)hila, holzmorhele *mhd.*

Vgl. Schrader, Festschr. Berthold S. 355–370.

[**moras** *in:* moras rubras Gl 1,656,3 *ist lat., vgl.* Gl 1,656 Anm. 4 *u. Leydecker S. 79.*]

morat *s.* môraz.

môraz *st. n. m., mhd.* môraȝ; *as.* mōrat, *mnd.* môret, *mnl.* moraet *m.*; *vgl. ae.* móraþ, mórod *n.*; *aus mlat.* moratum, *vgl. FEW VI,3,158 Anm. 9. – Graff II,846.*

moraz: *nom. sg.* Gl 1,208,11 (*R*). 696,6 (*oder acc.?*). 3,489,53. 504,5. – **morat:** *nom. sg.* Gl 3,373,23 (*Jd*). 718,4 (*Berl. Lat. fol. 735, 12. Jh.*).

Maulbeerwein (*vgl. Heyne, Hausalt. 2,353*)*:* moraz *murina* Gl 1,208,11 (*zum lat. Lemma vgl. DML VI,1868ᵇ s. v. murrina*). ostenderunt sanguinem uuę (*sc. uvae*) iđ uinum et moraz de moro arbore [*zu: elephantis*] *ostenderunt sanguinem uvae et mori* [*, ad acuendos eos in proelium, 1. Macc. 6,34*] 696,6. morat *moretum* 3,373,23 (*zum lat. Lemma vgl. Duc. 5,519ᶜ*). *moratum* 489,53 (*zum lat. Lemma vgl. Duc. 5,516ᵇ*). 504,5. *murratum* 718,4 (*zum lat. Lemma vgl. DML VI,1839ᵃ s. vv. moretus, muretus*).

môrberi *s.* môr(a)beri.

môr-, mûr-, mûlboum *st. m., mhd.* mûr-, mûlboum; *as.* mōr-, mūlbôm, *mnd.* môrbôm, *mnl.* moer-, morboom; *ae.* mórbéam, *auch* múrbéam (*vgl. Bosw.-T., Suppl. S. 643*); *Erstglied* môr- *aus lat.* morum, *Erstglied* mûr- *aus der Nebenform mlat.* mur-, *Erstglied* mûl- *analog zu* mûl(a)beri. – *Graff III,119.*

mor-poū: *nom. sg.* Gl 3,676,10; **-boum:** *dass.* 4,250,16 (*M*). 284,8 (-oū). Sprachwiss. 18,106 (-ǒ-); **-bum:** *dass.* Gl 4,188,61 (*verschr.?*). – **mour-bom:** *nom. sg.* Gl 3,720,17.

mur-paum: *nom. sg.* Gl 1,445,12 (*Rf;* -ū; *lat. acc. pl.*); *acc. pl.* **-]a** 674,33 (*Rb*); **-poum:** *nom. sg.* 304,44 (*M, 5 Hss., 1 Hs.* -oū, *1* -ov̄, *1* -o:u-, u *rad.*); *acc. pl.* **-]a** 519,48 (*M, 2 Hss., 1 Hs.* -ov-); **-boum:** *nom. sg.* 299,16 (*2 Hss., darunter Sg 295, Gll. 9./10. Jh.?*). 689,2 (*Carlsr. Aug. CXXXV, 9. Jh.;* -oū). 3,44,35 (-ǒ-). 469,18 (-ov̄). 5,1,3/13 (-oū); *acc. sg.* **-]** T 114,1; *acc. pl.* **-]a** Np 77,47 (mû-); **-baom:** *nom. sg.* Gl 3,195,18 (*SH B*).

mul-poum: *nom. sg.* Gl 3,54,6 (-ov̄); *acc. pl.* **-]a** 1,439,16 (*M;* -ǒ-). 726,42 (*M; oder nom. pl.?*); **-]e** 439,13 (*M;* -oᵘ-); **-poma:** *dass.* 14 (*M; zu seltenem* -o- *für* ou *im Alem. vgl. Braune, Ahd. Gr.¹⁵ § 46 Anm. 3, oder verschr.*); **-boum:** *nom. sg.* 304,47 (*M, 2 Hss., vgl.* Gl 5,89,15; -ov-). 726,36. 3,44,30 (*9 Hss., 4* -ǒ-, *1 Hs.* -oū, *1* -ov-, *1* -ƀm, *1* -ƀ). 93,45 (*SH A, 8 Hss., 6* -ǒ-, *3* mv-, *2* -oū). 49 (*SH A, 6 Hss., 2* mv-, *4* -ǒ-, *1 Hs.* -ov̄, *1* -oū). 195,18 (*SH B;* -ǒ-). 353,11 (-ov̄). 489,52 (-ov-). 561,56. Hbr. I,176,86 (*SH A;* -ov-). 87 (*SH A;* mv-, -ov-). II,146,16 (*SH a1, Anh.*); *acc. pl.* **-]a** Gl 1,439,15 (*M; erstes* -v- *aus* o *korr.,* -ov-); **-bo̊n:** *nom. sg.* 3,44,29; **-buoma:** *dat. sg.* 4,298,22 = Wa 56,15 (*Ess. Ev.*); **-baū:** *nom. sg.* 3,44,33; **-boim:** *dass.* 543,42; **-bom:** *dass.* 44,31/32 (*3 Hss, 2* -ō). BES 6,58,137 (-ō); **-bon:** *dass.* Gl 3,713,40; **-bvm:** *dass.* 44,32 (*verschr.?*). – **mül-bawm:** *nom. sg.* Gl 3,93,51/52 (*SH A, 15. Jh.*). – **muol-boū:** *nom. sg.* Gl 3,503,13; **-bowm:** *dass.* 4,188,62 (mů-); **moul-paum:** *dass.* 3,44,34; **-bo̊m:** *dass.* 29 (*2 Hss.,* mǒ-, -ǒ-). – **moil-poim:** *nom. sg.* Gl 3,57,13. – **maul-pawm:** *nom. sg.* Gl 3,93,48 (*SH A, 15. Jh.*); **-.p.:** *dass.* 4,356,25. 26 (*beide 14. Jh; abgekürzt geschr.*).

Verschrieben: **mur-peū:** *nom. sg.* Gl 1,304,46 (*M*); **maul-pant:** *dass.* 3,44,41; **mmvl-bo̊m:** *dass.* 93,52 (*SH A*); **nul-boum:** *dass.* Hbr. II,146,16 (*SH a1, Anh.*). – *Hierher auch* (*?*)*:* **muwel-bo̊m:** *nom. sg.* Gl 3,93,54 (*SH A*); **můwel-bo̊m:** *dass.* 5,33,13 (*SH A*).

1) *Maulbeerbaum, Morus L. (vgl. Marzell, Wb. 3,217 ff.):* bdellium uero (*1 Hs.* ut) Plinius scribit (*1 Hs.* scripsit) arbor aromatica (*1 Hs.* aromaticam arborem) colore nigra (*1 Hs.* nigram) magnitudine oliuę et folio roboris. fructu caprifici (*1 Hs.* caprificis) .i. murboum [*zu: ibi* (*im Land Hevilath*) *invenitur*] *bdellium* [*, et lapis onychinus, Gen. 2,12*] Gl 1,299,16. 304,44 (*vgl. Anm. z. St. u.* Gl 5,89,15). 4,250,16. 5,1,3/13. murpouma [*occidit in grandine vineas eorum: et*] *moros* (*Hss. mu-*) [*eorum in pruina, Ps. 77,47*] 1,519,48. murbou*m* [*elephantis ostenderunt sanguinem uvae et*] *mori* (*Hs. mu-*) [*, ad acuendos eos in proelium, 1. Macc. 6,34*] 689,2. mulboum [*si habueretis fidem, sicut granum sinapis, dicetis huic arbori*] *moro* [*: Eradicare, et transplantare in mare: et obediret vobis, Luc. 17,6*] 726,36. 4,298,22 = Wa 56,15. mȯlbȯm *morus* 3,44,29 (*5 Hss.* maulberbaum *frühnhd.*). 54,6 (*darauf sicomorus soror eius*). 195,18. 489,52. 503,13. 543,42. 561,56. 676,10. 713,40. 4,356,25. BES 6,58,137. Hbr. II,146,16. Sprachwiss. 18,106. *morus Graece, Latini rubum vocant, quod fructus et virgulta eius rubeant* [*Hbr. I,176,86*] Gl 3,93,45. 5,33,13. Hbr. I,176,86. *pdellium* Gl 3,469,18. *mora domestica* 720,17. *morus genus rubi arbor* 4,188,61. morboū [*Amos pastor, et rusticus, et*] *ruborum mora* (*Hs. roborum moras*) *distringens* [*, paucis verbis explicari non potest, Am., Hier. Paulino p. XV*] 284,8. iro uuinegarten ferlos er mit hagele . iro murbouma mit rifen *occidit in grandine vineas eorum . et moros eorum in pruina* Np 77,47.

2) *Maulbeerfeigenbaum, Sykomore, Ficus sycomorus L. (vgl. Marzell, Wb. 2,431 f.):* murpau*m* [*cedrorum praebuit multitudinem quasi*] *sycomoros* [*, quae nascuntur in campestribus, 3. Reg. 10,27*] Gl 1,445,12. raufanti murpauma [*non sum propheta, et non sum filius prophetae: sed armentarius ego sum*] *vellicans sycomoros* [*Am. 7,14*] 674,33. maulpau*m* *sicomorus* 3,44,41 (*1 Hs.* uuildêr fîgboum, *1* uuildêr fîgûnboum, *1* wiltmôrboum *mhd.*). her (Zacheus) furiloufanti arsteig in einan murboum, thaz her inan (*Jesus*) gisahi *praecurrens ascendit in arborem sicomorum, ut videret illum* T 114,1; – uuildi/uuildêr mûr-, môr-, mûlboum: wilde wichpouma ł wilde mulpou*m*e [*cedrorum praebuit multitudinem quasi*] *sycomoros* [*, quae nascuntur in campestribus, 3. Reg. 10,27*] Gl 1,439,13 (*7 Hss. nur* uuildêr fîgboum, *2 nur* fîgboum, *1 Hs.* uuildêr oliboum vel fîgboum). wildi mulpouma [*praecurrens ascendit in arborem*] *sycomorum* [*ut videret eum, Luc. 19,4*] 726,42 (*3 Hss.* uuildêr fîgboum). wilde*r* moilpoim *sicomorus* 3,57,13. 4,356,26. Hbr. II,146,16. *sycomorus Latine celsa dicitur* [*Hbr. I,176,87*] Gl 3,93,49. Hbr. I,176,87.

3) *Glossenwort:* mulbov*m* *morus et sicomorus* Gl 3,353,11.

Komp. wiltmôrboum *mhd.*

Vgl. maulberbaum *frühnhd.*

[Woitkowitz]

mord *st. m. n., mhd.* mort, *nhd.* mord *m.*; *as.* morth *n.*, *mnd.* mōrt *m.*, *mnl.* mort *f. m.*; *afries.* morth *n.*; *ae.* morþ *n. m.*; *an.* morð *n.*; *vgl. ae.* morđor, *got.* maúrþr *n.* – *Graff II,855 f.*

mord: *nom. sg.* O 1,20,24; *gen. sg.* **-]es** S 323,8 (*Lorscher B.*). 370,2; **morth:** *nom. sg.* 1; *acc. sg.* **-]** Gl 4,649,32.

Verschrieben, verstümmelt: **mort:** *nom. sg.* Gl 2,352,38 (*Straßb. C. V. 6, Hs. 9. Jh.; zu verschr.* -t *statt* th *für* d *vgl. Braune, Ahd. Gr.*[15] *§ 167 Anm. 3. 6*); **.ordes:** *gen. sg.* S 72,93 (*Musp.*).

1) *Tötung eines Menschen, Mord:* mort [*si cui*] *mortaudum* (*Hs. mordtotun*) [*barum aut feminam, qui qualis fuerit, secundum legitimum weregeldum suum novemgeldos solvatur, Lex Alam. LXXVI p. 136*] Gl 2,352,38. dar scal denne hant sprehhan ..., uuaz er untar desen mannun *m*ordes kifrumita S 72,93. iz ni habent livola, noh iz ni lesent scribara, thaz jungera worolti sulih mord wurti O 1,20,24; *in formelhafter Verbindung mit* manslahta*:* ih giu ... mordes inti manslahta [*vgl. ego confiteor ... homicidia, Steinm. S. 322,7*] S 323,8.

2) *Rotz* (*Malleus, eine als tödlich aufgefaßte Pferdekrankheit, vgl. Eis, Zaubersprüche S. 88 ff., bes. 94, Schulz, Beschwörungen S. 158 ff.*)*:* si equus habet morth Gl 4,649,32. ad pestem ęqui. quod dicitur morth S 370,1. (Johan *u.* Fares) genasin thes. so do diz ros. des mordes 2.

Komp. mâgmord; *Abl.* murden, morden; *vgl.* murdro, ?morderer *mhd.*, murd(i)ren.

Vgl. DRWb. 9,861 ff., RGA 20,238–241.

morden *s.* murden.

? **morderer** *mhd. st. m.*; *vgl. mhd.* mordener, *mnd.* mōrdenêre, *mnl.* mordenare, *afries.* mordener.

mordærere: *nom. pl.* S 349,111 (*Münch. Gl. u. B., Hs. B, 14. Jh.; vgl.* Priebsch, Dt. Hss. S. 306,6*; oder verschr.* (*?*), *Ausg.* mordære).

Mörder: daz sint die diebe, roubære, mordærere, wuocheræere, ahtære der heiligen cristenheit.

Vgl. DRWb. 9,878.

mordeta Mayer, Glossen S. 149,12 (*Zürich, Rhein. 20, 9. Jh.;* -t- *unsicher*) *zu:* [*Elias quidem venturus est, et*] *restituet* [*omnia, Matth. 17,11*] *ist unklar; im Ahd. Gl.-Wb. S. 427 wird trotz der Bed. des lat. Lemmas restituere 'erneuern, wiederherstellen' eine Zuordnung des Beleges zu* murden, morden *sw. v. 'ermorden' erwogen.*

mordiste Gl 3,542,20 *s.* ?mŏrdistel.

? **mŏrdistel** *mhd. st. m. f.* (*zum Erstglied s. u.*); *vgl. mnd.* môrdîstel (*in anderer Bed.*).

mor-distel: *nom. sg.?* Gl 3,559,10 (*2 Hss.*).

Verschrieben: **mor-diste:** *nom. sg.?* Gl 3,542,20.

Feld-Mannstreu, Eryngium campestre L. (*? Vgl. Marzell, Wb. 2,307 ff.*)*:* mordistel *imei* Gl 3,542,20 (*nach Steinm. z. St. ist imei wohl aus eryngium, iringi entstellt* (*vgl. auch yringi* (*clm 22056, 13. Jh.*), *Gl.-Wortsch. 6,430*))*. iunii* (*1 Hs. imui*) 559,10. *Das Erstglied ist unklar. Marzell a. a. O. Sp. 316 erwägt Anschluß an mhd.* mor(h)e *'Möhre'* (*so auch Splett, Ahd. Wb. I,2,633*)*. Ein Anschluß an ahd. mhd.* muor *'Moor'* (*so Ahd. Gl.-Wb. S. 425*) *ist weniger wahrscheinlich, da die Pflanze trockene Böden bevorzugt. Vgl. noch* mardistel *Ahd. Wb. 6,273 s. v.* mar(a)hthistil *u. dazu Marzell a. a. O. Sp. 316 u. mnd.* mortdîstel *Lasch-Borchling, Mnd. Hwb. 2,1023.*

? **-morđor** *ae. s.* mâgmord.

[morthmez *as. st. n.* (*vgl. As. Hwb. s. v.* morthmetisahs*; zum Zweitglied vgl.* mezzisahs, *mnd.* mest, mes); *vgl. mhd.* mortmeʒʒer, *nhd.* mordmesser.

morth-mez: *nom. sg.* Gl 3,716,66 (*Berl. Lat. fol. 735, 12. Jh.*).

Dolch: sica (*im Abschn. De rebus equitis*)*.***]**

mordtôd *st. m.*; *as.* morthdôth; *vgl. mlat.* mortaudus, mordtotus, morđdotus. – *Graff II,856.*

mortode: *dat. sg.* S 145,21. 147,13 (*BB*).

Tötung, Ermordung: ich habe gisundot ... in manslahte, gitate ioh willen, in manigem mortode, in uirgifte S 145,21. ich habe gisundot ... an demo mortode des unsuangirtuomis 147,13.

Vgl. DRWb. 9,887.

mörenland *frühnhd. st. n.* (*zum Umlaut u. zur sw. Flexion des Erstglieds ab dem Mhd. vgl. DWb. IV,2472 s. v. mohr u. 2475 s. v. mohrenland*), *nhd.* mohrenland.

mörn-lant: *nom. sg.* Gl 3,115,25 (*SH A; clm 23796, 15. Jh.*).

Mohrenland, Äthiopien (*?*), *zu lat. Aethiopia 'von Schwarzen bewohnte Länder' vgl. Georges, Handwb.*[11] *1,216: Aethiopia* (*4 Hss.* môrlant).

Vgl. môrlant.

morgan *st. m., mhd. nhd.* morgen; *as.* morgan, *mnd. mnl.* morgen; *afries.* morn; *ae.* morgen; *an.* morginn; *got.* maúrgins. – *Graff II,852 ff.*

morkan-: *dat. sg.* **-e** S 254,7 (*B*); *acc. sg.* **-]** Gl 1,106,10 (*K*). – **morgan:** *nom. sg.* Gl 3,242,41 (*SH a2, 2 Hss.*). 645,19. 4,147,56 (*Sal. c*). 203,27 (*sem. Trev.*). F 23,21; *gen. sg.* **-]es** Gl 1,507,49 (*M, 5 Hss.; in 1 Hs.* -es *mit blässerer Tinte, vgl.* Gl 5,93,43). 677,44 (*M, 4 Hss.*). O 5,13,7; **-]is** Pw 64,9; *dat. sg.* **-]e** Gl 4,248,12/19 (*Bern 257, Hs. 9./10. oder 10. Jh.*). T 38,5. 8. 92,1 (*2, 1. Stelle* -e *durch Rasur korr. aus* a*?*). 189,1 = T Fragm. S. 291,8. 236,1; **-]** Pw 54,18. 62,8. 72,14 (*zum Dat. vgl. van Helten, Gr. § 56α*); *acc. sg.* **-]** Gl 106,10 (*PaRa*). 206,24 (*KRa*). 662,43 (*M*). 715,65 (*2 Hss.*). 808,71 (*M, 4 Hss.*). 5,15,41. S 39,11 (*Rez.*). H 3,7,2. T 17,1. 109,1. 116,5. 121,1. 2. 140,2. 147,7. O 2,7,39 (*PV*). O 4,3,17 (-g- *aus* d *korr. Hs. P*). 6,3. 12,56. 19,21. 35,42. 5,4,7. 5,22. Oh 145; *nom. pl.* **-]a** Gl 3,646,16. 648,15. 4,201,7 (*sem. Trev.*); *acc. pl.* **-]a** 2,456,23; **morgen:** *nom. sg.* 3,205,10. 212,47 (*beide SH B*). 242,40 (*SH a2, 3 Hss.*). 277,48 (*SH b*). 351,36. 380,43 (*Jd*). 4,147,57 (*Sal. c*). S 170,46. Nc 846,17 [170,1]. NpNpw 5,4. Npgl 100,8; *gen. sg.* **-]is** S 169,2,2; *dat. sg.* **-]e** Gl 3,205,38 (*SH B*). Beitr. 52,169. S 169,2,7. Ni 528,26. 533,29 [38,3. 44,10]. NpNpw 103,23. Cant. Ez. 12. 13. 13/14; **-]** Pw 58,17 (morgē; *zum Dat. vgl. van Helten, Gr. I § 56α*); *acc. sg.* **-]** Gl 1,715,67. 4,138,22 (*Sal. c; Rasur nach* -n, *vgl.* Beitr. 73,213). O 2,7,39 (*F*). Nc 748,5. 755,1 [63,10. 70,20]. NpNpw 5,5. 142,8. Np 54,18. 58,17. 64,9. 87,14; **morgin:** *nom. sg.* Gl 3,647,6; *gen. sg.* **-]is** 1,507,50 (*M, 2 Hss.*); **-]s** 51 (*M*); *acc. sg.* **-]** 327,49 (*M*). 808,73 (*M*); *nom. pl.* **-]i** 3,666,4; *dat. pl.?* **-]en** 1,662,43 (*M; s.* 1); **morgon:** *nom. sg.* 3,337,9 (*SH g, 3 Hss.*); **margen:** *acc. sg.* 1,745,74 (*M, clm 14745, 14. Jh.; zum Zusammenfall von* -ar- *u.* -or- *im Mittel- u. Südbair. vgl. Paul, Mhd. Gr.*[25] *§ E 27,10*).

Mit oberd. Sproßvokal (*vgl. Braune, Ahd. Gr.*[15] *§ 69b*): **moragan:** *acc. sg.* Gl 1,662,41 (*M, 4 Hss.*); **moregana:** *acc. pl.* 2,411,67; **morigen:** *nom. sg.* 1,670,25 (*M*).

Verschrieben: **mergen:** *nom. sg.* Gl 3,277,48 (*SH b*).

1) *Morgen, Tagesbeginn:* morganes [*sternutatio eius splendor ignis, et oculi eius, ut palpebrae*] *diluculi* [*Job 41,9*] Gl 1,507,49. morigen [*prope est dies tenebrarum, et caliginis, dies nubis, et turbinis: quasi*] *mane* [*expansum super montes populus multus, Joel 2,2*] 670,25 (*4 Hss.* morganlioht). morganes [*paravit deus vermem ascensu*] *diluculi* [*in crastinum, Jon. 4,7*] 677,44. morgen *mane* 3,205,10 (*im Abschn. De nominibus dierum, vor* mittidach vel undorn *meridies u.* abent *suprema*). bi demo morgane *iuxta matutinum tempus* 4,248,12/19. .. unzan inkangum .. f*ona* morkane uzkante f*ona* eriston citi unzi nah feordun uuerchoen daz duruft ist *ut a pascha usque ad kalendas octubris a mane exeuntes a prima hora usque paene quartam laborent quod necessarium fuerit* S 254,7. duo morgan uuarth kengun in sprahha *alle dea* herostun biscoffa *mane autem facto, consilium inierunt omnes principes sacerdotum* F 23,21. morgane giuuortanemo quamun alle thie heroston thero bisgoffo *mane autem facto convenerunt omnes principes sacerdotum* T 189,1 = T Fragm. S. 291,8. utferthi morganis in auondis saltu gelieuon *exitus matutini et vespere delectabis* Pw 64,9. uuanda noh septem libri (*der Satire*) fore sint . notet ter gagenuuerto morgen . unde der anagando tag timberen dia cherzun *transcursa lector magna parte fabula ... coegit instans innitens crepusculum . palpitare . i. deficere lucernam tenui lumine* Nc 846,17 [170,1]. vuanda ih ze dir beton . so der morgen chumet . so gehorest du mih *quoniam ad te orabo domine . mane exaudies vocem meam* NpNpw 5,4. dannan anauuert fone demo morgene . gat mannolih ze sinemo uuerche des in ęcclesia durft ist . unz ze abende . daz ist finis sęculi *exibit homo ad opus suum . et ad operationem suam usque ad vesperum* 103,23. danne skinet uuer iegelicher ist . so ist mane (morgen) . so uuerdent fertriben de ciuitate domini omnes operantes iniquitatem Npgl 100,8; *ferner:* T 236,1 (*mane*). NpNpw Cant. Ez. 12. 13. 13/14 (*alle mane*); – *in adverb. Verbindungen:* (*früh*) *am Morgen:* thes morganes (fruo): daz himilrih kelih si demo husherro, der des morgenis fruo in sinan uuinkarten samenoti dei uuerhliuti [*vgl. regnum coelorum simile esse ... homini patrifamilias, qui exiit primo mane conducere operarios in vineam suam, BH, Schmid II,8,6*] S 169,2,2. er stuant in themo stade thar tho thes morganes sar, thanana er tho zi in sprah, thar er sie fisgon gisah [*vgl. mane autem facto stetit Iesus in litore, Marg. nach Joh. 21,4*] O 5,13,7; (fruo) in morgan: in morgan *mane* Gl 1,106,10. in morgan *mane* 206,24. vruo in moragan [*tunc rex*] *primo diluculo* [*consurgens, festinus ad lacum leonum perrexit, Dan. 6,19*] 662,41 (*in 1 Hs.* von morginen, *wohl Fehlübers. oder Fehlschreibung, s.* fona F c, *Ahd. Wb. 3,1132*). uruo in morgan [*simile est regnum caelorum homini patrifamilias, qui exiit*] *primo mane* [*conducere operarios in vineam suam, Matth. 20,1*] 808,71, *z. gl. St.* T 109,1. laze ... danne trincen, stauf einan in morgan, danne in iz fahe, andran in naht S 39,11. frauuer tak deser duruh fare kadigani si eo so frua in morgan kalauba eo so mitti tak *laetus dies hic transeat, podor sit ut diluculo, fides velut meridies* H 3,7,2. in morgan uuerbenti in burg hungirita *mane autem revertens in civitatem esuriit* T 121,1. al thaz folc fruo in morgan quam ci imo in temo temple inan horen *omnis populus manicabat ad eum in templo audire eum* 140,2. giang io in morgan thanan uz thara zi themo gotes hus [*vgl. mane autem revertens in civitatem, Matth. 21,18*] O 4,6,3. erda hialt uns tho in war scazzo diuroston thar, dreso thar giborgan, unz sunnun dag in morgan 35,42. taz ist tiu gareuui des himeles . tia uuir sehen in morgen . êr diu sunna ufkange Nc 748,5 [63,10]. an demo ingange habet er eines sconis chindes kelichi . uuanda diu sunna in morgen chindiskiu ist 755,1 [70,20]. in habent uuanda Christvs do uuas in cruce in morgen do Christvs irstuont . in mitten dag do er irhohet uuart ad dexteram patris . zello ih *vespere et mane et meridie . narrabo* Np 54,18. in morgen daz chit hinauuordenen tenebris infidelitatis . souuieo noh der heitero tag chomen nesi . an demo uuir dih kesehen facie ad faciem . fureuangot dih doh min gebet *mane oratio mea praeve-*

niet te 87,14; *ferner:* T 121,2. 147,7 (*beide mane*). O 4,19,21. 5,5,22. NpNpw 5,5. 142,8 (*beide mane*). Np 58,17. 64,9 (*beide mane*); an morgan *aostndfrk.* (*s.* an(a) *and.* 1. Teil A IX 1, *Ahd. Wb. 1,406*): an auont in an morgan in an mitdondage tellon sal ic *vespere et mane et meridie narrabo* Pw 54,18. an morgan thencon sal ik an thi uuanda thu uuari hulpere min *in matutinis meditabor in te quia fuisti adiutor meus* 62,8; *ferner:* 58,17 (*mane*). 72,14 (*matutinum*).

2) *in der Verbindung* mitti morgan *Vormittag:* umbe mittan morgan [(*pater familias*) *egressus*] *circa horam tertiam* [*vidit alios stantes in foro otiosos, Matth. 20,3*] Gl 1,715,65. 5,15,41. der huosherro ladote allen den tac die uuerhliute in sinan uuinkarten, sumeliche fruo, sumeliche ze mittemo morgene, sumeliche zi mittemo taga [*vgl. paterfamilias ad excolendam vineam suam mane, hora tertia, sexta ... operarios conducit, Greg., Schmid II,9,22/23*] S 169,2,7. diu friu diu pizeichinet die chindiska, der mitti morgen die iugent, der mitte tac die tugent [*vgl. hora autem tertia adolescentia intellegi potest, Greg., ebda. 13,135*] 170,46.

3) *am nächsten Tag, morgen:*

a) morgan *in adverb. Verwendung: Akk. Sing:* morgen *cras* Gl 4,138,22; *Dat. Sing:* morgene *cras* 3,205,38 (*im Abschn. De nominibus dierum, zwischen* hutto *hodie u.* gestere *hesternum*). anges ist tir morgene coram magistro Beitr. 52,169 (*oder zu* 1?). taz chido ih . taz morgene skefuuig turh not chumftig si . alde nesi *dico autem futurum quidem esse bellum navale cras necesse est . vel non esse futurum* Ni 533,29 [44,10]; *ferner:* 528,26 [38,3] (*cras*); *in Gegenüberstellung zu* hiutu: thaz gras thes accares, thaz hiutu ist inti morgane in ouan uuirdit gisentit *foenum agri, quod hodie est et cras in clibanum mittitur* T 38,5. thoh uuiduru gilimfit mih hiutu inti morgane inti themo folgenten gangen *verumtamen oportet me hodie et cras et sequenti ambulare* 92,1; *ferner:* ebda. (*cras*);

b) *in adverb. Präp.verb.: am nächsten Tag:* in morgan: in morgan uuolta her gan in Galilea*m in crastino voluit exire in Galileam* T 17,1. in morgan tho ther liut al, ther zen ostoron quam ... fuar thara al ingegini [*vgl. in crastinum autem turba, Marg. nach Joh. 12,12*] O 4,3,17. thoh er scolti in morgan bi richi sin irsterban 12,56. thaz wir hiar fora quatun, in friadag sie iz datun. In morgan was in wara thero ostorono fira 5,4,7; *ferner:* T 116,5 (*crastinum*). O 2,7,39. Oh 145; zi morgane: ni curet suorgfolle uuesan zi morgane *nolite ergo solliciti esse in crastinum* T 38,8.

4) (*nahe*) *Zukunft:*

a) morgan *in adverb. Verwendung, Akk. Sing.: künftig, in Zukunft:* morgin [*cumque interrogaverit te filius tuus*] *cras* [*, dicens: Quid est hoc? respondebis ei, Exod. 13,14*] Gl 1,327,49 (*4 Hss.* bifuri);

b) unzi morgan *bis auf weiteres, eine Zeitlang:* vntz margen [*nunc ecce manus domini super te, et eris caecus, non videns solem*] *usque ad tempus* [*Acta 13,11*] Gl 1,745,74 (*6 Hss.* unzi(n) iomêr).

5) *Morgen als Ackermaß* (*zur Bed. vgl. Heyne, Hausalt. 2,12*):

a) *eigentl.:* iuchart vel morgen *iurnalis vel iugus* Gl 3,212,47 (*im Abschn. De hortis et agris*). morgen *iugerum* 242,40. 647,6. 4,147,57. *iuger agellus* 3,277,48. *iurnalis* 337,9. 645,19 (*3 Hss.* jûh). 646,16. 666,4. 4,201,7. *iugera et iornales* 3,351,36. *iuger* 380,43. iuch ł morgana *iugera ł iurnales* 648,15. *iuger* 4,147,56. morgan *iugus. ris* 203,27;

b) *übertr.: Acker, Land:* moregana [*infamem mercatus agrum de sanguine amici numinis, obliso luiturus*] *iugera* [*collo, Prud. Psych. 535*] Gl 2,411,67. morgana [(*Iesus*) *qui longa post dispendia victor suis tribulibus promissa solvit*] *iugera* (*Glosse: terram promissionis, vgl. PL 59*) [*ders., H. epiph.* (*XII*) *176*] 456,23.

Abl. morganîg, morganlîh; morganôn, morganûn; *vgl.* ubarmorgane.

[Nässl]

-morgane *vgl.* ubarmorgane.

morgangeba *st. f.; ae.* morgengifu; *an.* morgungjöf; *vgl. mhd.* morgengâbe, *nhd.* morgengabe, *mnd.* morgengâve, *mnl.* morgengave. – *Graff IV,122.*

morgen-gebe: *acc. sg.* Gl 2,4,15 (*clm 14420, Hs. 11. Jh.*).

Morgengabe: morgengebe [*pro thalamo paradisus erat mundusque dabatur in*] *dotem* [*et laetis gaudebant sidera flammis, Av., Poem. lib. 1,192*].

morganîg *adj., mhd.* morgenic, *frühnhd.* morgenig (*vgl. DWb. VI,2571*), *nhd.* morgig. – *Graff II,855.*

morgenig-: *nom. sg. n.* **-a** Nb 348,30/349,1 [262,24]; *dat. sg. m.* **-en** 349,3 [26].

morgig, zukünftig: an demo huotigen libe . der under demo gesterigen ist . unde under demo morgenigen . nelebent ir mer *in hodierna quoque vita non amplius vivitis* Nb 349,3 [262,26]; *substant.:* nube foreist imo noh taz morgeniga . ingangen ist imo daz kesteriga *sed nondum quidem apprehendit crastinum . iam perdidit hesternum* 348,30/349,1 [24].

morganlîh *adj., mhd.* morgenlich, *nhd.* morgen(d)lich; *mnl.* morgenlijc; *ae.* morgenlíc; *an.* morgunligr. – *Graff II,855.*

morgan-lih: *Grdf.* Gl 1,518,49 (*M*); **-]era:** *dat. sg. f.* S 297,19 (*alem. Ps.*); **-lihho:** *nom. sg. m.* T 38,8.

1) *am Morgen stattfindend, morgendlich:* morganlih uzfard [*timebunt qui habitant terminos a signis tuis:*] *exitus matutini* [*et vespere delectabis, Ps. 64,9*] Gl 1,518,49 (*1 Hs.* morganlîhho). ..*k*ihaltidu morganlihera uncin ce naht uuane Israhel in truhtine *a custodia matutina usque ad noctem speret Israhel in domino* S 297,19.

2) *morgen stattfindend, morgig:* ni curet suorgfolle uuesan zi morgane: thie morganlihho tag ther bisuorget sih selbo *nolite ergo solliciti esse in crastinum, crastinus enim dies sollicitus erit sibi ipse* T 38,8.

Komp. aftermorganlîh; *Abl.* morganlîhho.

morganlîhho *adv., mhd.* morgenlîche, *nhd.* morgen(d)lich. – *Graff II,855 s. v.* morganlih.

morgan-liho: Gl 1,518,50 (*M*).

am Morgen: morganliho uzfard [*timebunt qui habitant terminos a signis tuis:*] *exitus matutini* [*et vespere delectabis, Ps. 64,9*] (*1 Hs.* morganlîh; *zur Best. als Adv. vgl. Davids, Bibelgl. S. 120*).

morganlioht *st. n., mhd.* morgenlieht, *nhd.* morgenlicht; *mnd.* morgenlecht; *ae.* morgenléoht. – *Graff II,147.*

morgan-lioht: *nom. sg.* Gl 1,670,24/25 (*M, 10. Jh.*); **-lioth:** *dass.* 24 (*M, 10. u. 10./11. Jh.*); **morgin-lihot:** *dass.* 25 (*M, Göttw. 46/103, Gll. 12. Jh.* (?); *zur Umkehrung der Buchstabenfolge bei* h *vgl. Piper, ZfdPh. 15,97*).

Morgenlicht: morganlioth [*quia prope est dies tenebrarum, et caliginis, dies nubis, et turbinis: quasi*] *mane* [*expansum super montes, Joel 2,2*] (*1 Hs.* morgan).

morganlob *st. n., nhd.* morgenlob. – *Graff II,61.*

Nur in B belegt.

morkan-lob-: *dat. pl.* **-un** S 222,34; *acc. pl.* **-**] 19. 224,6. – **morgan-lob:** *nom. pl.* S 218,26; *gen. pl.* **-**]**o** 223,13/14. 225,19.

Stundengebet bei Tagesanbruch (*Matutin, Laudes, vgl. Linderbauer S. 230*): sareo morganlob demv pikinnantemu leohte ze tuanne sint untar sin kafolget *mox matutini qui incipiente luce agendi sunt subsequantur* S 218,26. morganlobo tult so si ze tuanne *matutinorum sollemnitas ita agatur* 223,13/14. za tuane morkanlob .. abantlob *agendum* (*l. -a, vgl. Linderbauer S. 229*) *matutina vel vespertina* 224,6. so morganlobo ... citi des unseres theonostes ambaht *du*ruhanpintames *si matutino ... tempore nostrae servitutis officia persolvamus* 225,19; *ferner:* 222,19. 34. (*beide matutini pl.*).

Vgl. âband-, nahtlob.

morganôn *adv.* – *Graff II,854 f.*

morgenôn: Nb 139,11 [118,20]. Ncomp 134,b3.

1) *am Morgen, zu Tagesbeginn:* tiu sunna gat ouh abendun uuestert in sedel . si chumet aber morgenon tougenero ferte uuidere ze iro ortu *Phoebus cadit in hesperias undas . sed rursus vertit currum secreto tramite . ad solitos ortus* Nb 139,11 [118,20].

2) *am nächsten Tag:* chumit tiu (*sc. der 15. Mondtag*) morgenon af*t*er dien eben nahten in .XI. kalendis aprilis . so ist taz der oster tag . ube taz sunnun tag ist *si ergo XV^{a} luna quae post aequinoctium prima declaratur in dominicum diem inciderit in ea procul dubio pascha domini est* Ncomp 134,b3.

Vgl. morganûn.

morganrôt *adj., nhd.* morgenrot. – *Graff II,486.*

morgen-rôtiu: *nom. sg. f.* Nb 77,24 [66,29] (-iu *aus* -er *korr.*).

morgenrot, im Morgenrot leuchtend: so morgenrotiu sunna ufen iro reito ... ritentiu beginnet skinen *cum Phoebus roseis quadrigis coeperit spargere lucem.*

Abl. morganrôta, -rôto; *vgl.* morganrôt *st. m.*

morganrôt *st. m., mhd.* morgenrôt *st. m. n. f.* (*vgl. Lexer, Nachtr. Sp. 322*), *nhd.* morgenrot *n.*; *mnd.* morgenrôt *m. n., mnl.* morgenroot *n.* – *Graff II,486.*

Alle Belege im Nom. Sing.

morgen-rot: Gl 3,223,60 (*SH a2*). W*BF* 106,2 [191,11]; **-roth:** Gl 3,64,16 (*SH A, 2 Hss.*); **morgon-rot:** W*CK* 106,2 [191,11]; **morgin-rod:** ebda. (*A*).

Morgenrot: morgenroth *aurora quasi aurea hora* Gl 3,64,16. *aurora* 223,60 (*1 Hs.* morgenrôta). uuer ist disiu, diu da uureget samo der ufgente morgenrot? *quae est ista, quae progreditur quasi aurora consurgens?* [*Cant. 6,9*] W 106,2 [191,11].

morganrôta *sw. f.*; *vgl. mhd.* morgenrôt *st. m. n. f.* (*vgl. Lexer, Nachtr. Sp. 322*), morgenrœte, *nhd.* morgenröte, *mnd.* morgenrôde, *mnl.* morgenrode. – *Graff II,486.*

morgen-rota: *nom. sg.* Gl 3,223,60 (*SH a2*); **morgin-:** *dass.* Hbr. I,104,1110 (*SH A*).

Morgenrot: morgenrota *aurora* Gl 3,223,60 (*1 Hs.* morganrôt). *aurora quasi aurea hora* Hbr. I,104,1110.

Vgl. morganrôto.

morganrôto *sw. m.*; *vgl. an.* morgunroði. – *Graff II,486.*

morgen-rot-: *nom. pl.* **-en** Nb 329,25/26 [250,3] (-ô-); **morgin-:** *nom. sg.* **-o** Gl 3,205,45 (*SH B*).

Morgenrot: morginroto *aurora* Gl 3,205,45 (*im Abschn. De nominibus dierum*). die morgenroten zeichenent tempestatem Nb 329,25/26 [250,3].

Vgl. morganrôta.

morganstern *st. m., mhd. nhd.* morgenstern; *mnd.* morgenstērn(e), *mnl.* morgensterre; *ae.* morgensteorra; *an.* morgunstjarna *f.*

morgen-stern: *nom. sg.* Gl 3,351,20 (*Wien 901, Gll. 12. Jh.*).

Morgenstern: lucifer.

[**morganstunda** *as. st. f., mnd.* morgenstunde, *mnl.* morgenstont *m. f.*; *mhd. nhd.* morgenstunde.

morgen-stunde: *nom. sg.* Gl 3,715,9 (*Berl. Lat. fol. 735, 12. Jh.*).

Morgenstunde: mane (*danach die lat. Gll. mane aurora, mane diluculum, vgl.* Nd. Wort 16,82,4).]

morganûn *adv.* – *Graff II,854.*

morgenun: Gl 1,738,27 (*Brüssel 18723, Gll. 10. Jh.*).

am nächsten Tag: morgenun *altera die* [, *turba quae stabat trans mare, vidit quia navicula alia non erat ibi nisi una, Joh. 6,22*].

Vgl. morganôn.

morgras Gl 4,31,27 *s.* ?muorgras.

morh(-) *s. auch* mor(a)h-.

mo̊rheln Gl 3,520,59 *s.* mor(a)hila.

? **morihhi** *st. n.* – *Graff II,845.*

morihi: *acc. sg.* Gl 2,457,7 (*Paris Nouv. acqu. lat. 241, Hs. 11. Jh. clm 14395, Hs. 10. Jh.*).

Weihrauchgefäß: turribulum ɫ morihi ɫ kerolun [*zu: quamvis olidam persolvat*] *acerram* (*Glossen: vas thurarium, thuribulum, vgl. PL 59*) [, *sacrilegisque molam manibus rimetur et exta, Prud., Apoth. 198*].

morit Gl 1,114,26 *s.* muosen.

môrkrût *st. n.* (*zum Erstglied vgl.* môr *st. m.*), *mhd.* môrkrût; *vgl. nhd.* mohrenkraut (*in anderer Bed.*). – *Graff IV,595 s. v.* mortcrut.

Alle Belege im Nom. Sing.

mor-crut: Gl 3,281,20 (*SH b, 2 Hss.*). 292,19 (*SH c*). 303,31 (*SH d*); **-cruth:** 403,30 (*Hildeg., 2 Hss.*).

Verschrieben: **mort-crvt:** Gl 3,281,20/21 (*SH b*).

Echter Schwarzkümmel, Nigella sativa L. (*vgl. Marzell, Wb. 3,325 ff. Stirling, Lex. 3,149 f. s. v. melant(h)ion, -um*): morcrut *melantium* Gl 3,281,20. *melamium* (*verschr. aus melancium?*) 292,19. 303,31; *hierher auch:* morcruth *scrurithil* 403,30 (*Hildeg., lingua ignota; wohl nicht zu* mor(a)ha *'Möhre', vgl. Hildebrandt, in: Dialektlex. S. 106*).

môrlant *st. n.* (*zum Erstglied vgl.* môr *st. m.*), *mhd.* môrlant; *mnd.* môrlant, *mnl.* moorlant. – *Graff II,234.*

mor-lant: *nom. sg.* Gl 3,115,24 (*SH A, 4 Hss.*). 207,17 (*SH B*). 406,46 [HD 2,25]. Hbr. I,224,312 (*SH A, 2 Hss.*).

Mohrenland, Äthiopien (*?*), *zu lat. Aethiopia 'von Schwarzen bewohnte Länder' vgl. Georges, Handwb.[11]*

1,216: morlant *Aethiopia a colore indigenarum, quos solis vicinitas torret [Hbr. I,224,312]* Gl 3,115,24 (*1 Hs.* mörenland). Hbr. I,224,312. *Aethiopia* Gl 3,207,17 (*im Abschn. De Lybia seu Africa*). *Aethiopia* [*vgl. in qua rinoceron bestia, camelopardus, basiliscus, dracones ingentes ex quorum cerebro gemme extrahuntur ... inveniuntur, HD 2,25*] 406,46 [HD 2,25].

Vgl. mörenland *frühnhd.*

mormanna Hbr. I,276,55/56 *s.* nordman.

? **morn** *st. m.?*

mornis: *gen. sg.* Npw 117,15; *oder liegt eine Verschreibung bzw. Kurzform für* mornennis *inf. gen. sg. zu* mornên *sw. v. vor? (vgl. Heinzel, WSB 80,689).*

Kummer: da ist stimma (*in Ausg. ergänzt*) freuuidi unde heili da dere rehten selida sint, nals des mornis so iro uiande uuanent (*maeror* Np).

Vgl. morna.

morna *sw. f.; vgl. an.* morn (*vgl. Fritzner 2,734*). – *Graff II,860.*

morn-: *nom. sg.* **-a** Gl 1,543,18 (*Ja*). 4,331,41 (*fragm. S. Emm., Hs. 9. Jh.*); *dat. sg.* **-un** 1,284,12 (*Jb-Rd*). 2,764,6 (*clm 14747, 9. Jh.*).

Kummer, Betrübnis: mornun [*si tuleritis et istum ... deducetis canos meos cum*] *maerore* (*tristitia*) [*ad inferos, Gen. 44,29*] Gl 1,284,12. morna [*filius sapiens laetificat patrem: filius vero stultus*] *maestitia* [*est matris suae, Prov. 10,1*] 543,18. foramundun mornun ganeizte *advocati maerore confecti* (*Hs. ter-*) [*reversi sunt domos, Pass. Sim. et Judae p. 536,25*] 2,764,6. morna [*ad messem multam operarii pauci sunt, quod sine gravi*] *maerore* (*Hs. moeror*) [*loqui non possumus, Greg., Hom. I,17 p. 1496*] 4,331,41.

Vgl. ?morn; anamornôn, mornên, firmurnen.

mornhen Gl 3,536,27 *s.* mor(a)ha.

mornên *sw. v.; an.* morna; *got.* maúrnan; *vgl. as.* mornon, *ae.* murnan *st. sw. v.* (*vgl. Bosw.-T., Suppl. S. 643*). – *Graff II,860.*

morn-: *3. sg.* **-et** Gl 4,332,9 (*fragm. S. Emm., Hs. 9. Jh.*); *part. prs.* **-enti** T 180,4. O 1,4,83. 3,20,115; *nom. pl. m.* **-ente** 1,18,21 (*FPV*). 3,14,61. 26,23.

Verschrieben, verstümmelt: **mornendoon:** *part. prs. acc. pl. n.* Schlechter, Aratorgl. S. 367,12 (*l.* -don); **morne..:** *part. prs. nom. pl. m.* O 1,18,21 (*D*).

mornis Npw 117,15 *s.* ?morn.

trauern (wegen etw.), traurig sein (über etw.): mornet moot *maeret mens* [*, lux ipsa fastidio est, Greg., Hom. II,25 p. 1547*] Gl 4,332,9. mornendon [*non ... gemitu*] *maerentia* [*corda fatiget antiqua pro lege dolor, Ar. I,62*] Schlechter, Aratorgl. S. 367,12. (*Jesus*) bigonda sih truoben inti mornenti uuesan *coepit contristari et maestus esse* T 180,4. ih want, ih scolti noti sin iamer mornenti blintilingon hono; nu sihuh afur scono O 3,20,115. (wir) tharben scones riches, then hohen himilriches; joh birun mornente in (*Ausg. Erdm. fälschlich* iu) suaremo elilente 26,23; *ferner:* 1,18,21. 3,14,61; *mit Gen.:* thera spraha mornenti, thes wanes was sih frewenti; giloubt er filu spato, bi thiu beitota er so noto 1,4,83.

Abl. morna, mornunga.

Vgl. anamornôn.

ana-**mornôn** *sw. v.*

ana-mornot: *3. sg.* Mayer, Glossen S. 99,13 (*clm 18556a, Gll. 10./11. u. 11. Jh.?*).

betrübt sein: anamornot [*in quod (sc. Müßiggang) ne Paulus apostolus*] *incideret* (*Hs. -ced-*) [*... diebus tamen ac noctibus maluit operari, Cassian, Coll. VIII,11, PL 49,1112A*] (*in freier Wiedergabe von lat. incidere 'in etw. (ver)fallen'?*).

Vgl. mornên.

mornunga *st. f.; vgl. ae.* murnung.

Verstümmelt: **morn..gu:** *dat. sg.* Beitr. (Halle) 85,60,51 (*Würzb. Mp. th. f. 79, Gll. 9. Jh.*).

Trauer, Betrübnis: mornungu [*iusti in*] *maerore* [*et luctu sunt, Is., Syn. 1,9 p. 830*].

morohę, morо̊tz Gl 5,43,47. 3,564,20 *s.* mor(a)ha.

[**morrinta, morriuta, morruita** Gl 3,480,2. 4,360,6. Meineke, Ahd. S. 31,179. Gl 3,480,3. 4,56,37. 357,30 *ist verderbt aus emor(r)oida, emorrodia, vgl. lat.-griech. haemorrhoida.*]

morsâli *st. m., mhd.* mörsel, *nhd. dial. schweiz.* mürsel *Schweiz. Id. 4,433, schwäb.* mörsel *Fischer 4,1765, bair.* mörsel, mürsel *Schm. 1,1654, rhein.* mōrsel *Rhein. Wb. 5,1303, pfälz.* mörsel *Pfälz. Wb. 4,1430, thür.* mörsel *Thür. Wb. 4,715; mnl.* morsel; *aus lat.* mortarium *mit volksetymol. Anlehnung an die Sippe von mhd.* mürsen *'zerstoßen' u. dissimilierter Form auf* -l, *vgl. RGA 20,137 f.* – *Graff II,858 f.*

morsal-: *nom. sg.* **-i** Gl 1,359,5 (*M, 3 Hss.*); *acc. sg.* **-a** 635,52 (*M, 3 Hss., in 1 Hs.* n *über* m-, *vgl.* Davids, Bibelgl. S. 276,1089).

Mörser: morsali [*mensam quoque propositionis involvent hyacinthino pallio, et ponent cum ea thuribula et*] *mortariola* (*Hss. mortariolum, davon 1 Hs. aus -talkorr., vgl.* Gl 5,90,36) [*, cyathos et crateras ad liba fundenda, Num. 4,7*] Gl 1,359,5 (*8 Hss.* morsâri, *3* morsârlîn, *1 Hs.* morsâlilî(n)). morsala [*lebetes ... et phialas, et*] *mortariola* [*, et omnia vasa aerea, quae in ministerio fuerant, tulerunt (bei der Tempelplünderung), Jer. 52,18*] 635,53 (*5 Hss.* morsâri).

Abl. morsâlilî(n).

Vgl. mortâri[1], morsâri.

morsâlilî(n) *st. n.*

morsali-li: *nom. sg.* Gl 1,359,9 (*M, clm 14584, 12. Jh.*).

kleiner Mörser: morsalili [*mensam quoque propositionis involvent hyacinthino pallio, et ponent cum ea thuribula et*] *mortariola* (*Hs. mortariolum*) [*, cyathos et crateras ad liba fundenda, Num. 4,7*] (*3 Hss.* morsâli, *8* morsâri, *3* morsârilîn).

morsâri *st. m., mhd.* morsære, morser, *nhd.* mörser; *as.* morsari, *mnd.* mörser (*vgl. Lasch-Borchling, Mnd. Hwb. 2,1025 s. v.* möser); *aus lat.* mortarium *mit volksetymol. Anlehnung an die Sippe von mhd.* mürsen *'zerstoßen', vgl. RGA 20,137 f.* – *Graff II,858 f.*

morsar-: *nom. sg.* **-i** Gl 1,356,6 (*S. Paul XXV d/82, 10. Jh.; oder acc. sg.? lat. acc. pl.*). 359,6 (*M, 3 Hss.*). 446,34 (*2 Hss.; oder Sg 292 acc. sg., s. u.?*) = Wa 76,12. 3,157,14 (*SH A*). 475,25. 653,33. 4,26,17 (*clm 14804, Gll. 9. Jh.? lat. pl.*); **-e** 1,359,6 (*M, 4 Hss.*). 3,281,28 (*SH b, 2 Hss.*). 4,258,17; **-]** 1,359,7 (*M*). 3,157,15 (*SH A*). 4,258,17; *acc. pl.* **-a** 1,635,53 (*M, 3 Hss.*); **-e** ebda. (*M, 2 Hss.*). 696,2; **morsær-:** *nom. sg.* **-e** 3,157,14 (*SH A*); **-]** 326,23 (*SH f*); **morser-:** *dass.* **-e** 1,362,23 (*Jd*). 3,157,13

(*SH A, 2 Hss.*). 328,20 (*SH a2*). 372,29 (*Jd*). 504,6. 4,258,10 (*M*). 18. Hbr. I,92,812 (*SH A*); -] Gl 3,410,47 [HD 2,84]. Hbr. I,343,422 (*SH A*); **morsår:** *dass.* Gl 4,188,63. – **mỏrsare:** *nom. sg.* Gl 3,281,26 (*SH b*). – **murser-:** *nom. sg.* **-i** Gl 4,259,7; **-e** Stricker II,90,29 (*SH*).

Hierher als Verschreibung (?): **mosar:** *nom. sg.* Gl 3,659,20 (*Wien 804, 12. Jh.; l.* morsar, *Steinm.; oder Verlust des ersten* -r- *durch Dissimilation, vgl. mnd.* möser *u. dazu RGA a. a. O.*).

Mörser: morsari [*mensam quoque propositionis involvent hyacinthino pallio, et ponent cum ea thuribula et*] *mortariola [, cyathos et crateras ad liba fundenda, Num. 4,7*] Gl 1,356,6 (*Hs. mortariolas .i. morteras*). 359,6 (*Hss. auch -um; 3 Hss.* morsâli, *3* morsârlîn, *1 Hs.* morsâlilî(n)). 362,23 (*Hs. -um*). 4,258,10 (*Hs. -um*). 17 (*Hss. -um*). 259,7 (*Hs. mortarium*). morsari [*fecitque Salomon omnia vasa in domo domini: altare aureum …, et fuscinulas, et phialas, et*] *mortariola* (*1 Hs.* -a *mit Nasalstrich*) [*3. Reg. 7,50*] 1,446,34 = Wa 76,12. morsara [*lebetes … et phialas, et*] *mortariola* [, *et omnia vasa aerea, quae in ministerio fuerant, tulerunt* (*bei der Tempelplünderung*), *Jer. 52,18*] 635,53 (*3 Hss.* morsâli). morsare [*intravit in sanctificationem cum superbia, et accepit altare aureum … et mensam propositionis, et libatoria, et phialas, et*] *mortariola* [*aurea, 1. Macc. 1,23*] 696,2. mỏrsare *mortarium* 3,281,26 (*2 Hss. noch vasculum in quo semina in pulverem redacta condiuntur*). 326,23. 410,47 [HD 2,84] (*in lat. Text; mortariola; vgl. aber SH-Gl.*). 475,25. 504,6. 653,33. 659,20. *mortarium inde mortariolum* [*Hbr. I,343,422*] 157,13. Hbr. I,343,422. *mortariola* Gl 4,26,17. *mortariolum* 188,63. Stricker II,90,29. morsere ł phanna *frixorium* Gl 3,238,20 (*frixorium auf fricare 'reiben' statt auf frigere 'rösten' bez., vgl. auch die Alternativgl.; 3 Hss. nur* phanna). morsere *pila* Hbr. I,92,812.

Abl. morsârlîn, ?morsârklîn.

Vgl. morsâli, mortâri[1].

? **morsârklîn** *st. n.* (*zur Suffixverbindung* -klîn *vgl. Kluge, Stammb. § 63, Henzen, Wortb. § 93e u. Anm. 47*).

Verschrieben oder mit Schwund des -r- (*?*): **morseclin:** Gl 3,504,7 (*Mülinensche Rolle, Gll. 11./12. Jh.?; l.* morserclin, *Steinm., zu ergänztem* -r- *vgl. die vorausgehende Gl.* morsere*; zum Suffix vgl. noch* linsiniclin Gl 3,502,21 *in ders. Hs.*).

kleiner Mörser: morserclin *mortariolum* (*davor* morsere *mortarium*).

morsârlîn *st. n., nhd.* (*älter*) mörserlein (*vgl. DWb. VI,2593 s. v.* mörserchen).

morsar-lin: *nom. sg.* Gl 1,359,8; **-li:** *dass.* ebda.; **morsær-lin:** *dass.* 9; *alle M, 12.–14. Jh.*

kleiner Mörser: morsarli [*mensam quoque propositionis involvent hyacinthino pallio, et ponent cum ea thuribula et*] *mortariola* (*Hss. -lum*) [, *cyathos et crateras ad liba fundenda, Num. 4,7*] Gl 1,359,8 (*3 Hss.* morsâli, *8* morsâri, *1 Hs.* morsâlilî(n)).

mortâri[1] *st. m., mhd.* morter (*vgl. Lexer, Hwb. 2203 s. v.* morsære, -er); *mnd.* mōrtêr; *ae.* mortere; *aus lat.* mortarium *'Mörser'* (*vgl. Frings, Germ. Rom. II,330*); *vgl.* mortâri[2]. – *Graff II,858 f.*

mort-ar-: *acc. pl.* **-a** Gl 1,637,27 (*Rb*); **-ere:** *nom. sg.* 3,214,31 (*SH B*).

Mörser: mortara [*lebetes … et phialas, et*] *mortariola* [, *et omnia vasa aerea, quae in ministerio fuerant, tulerunt* (*bei der Tempelplünderung*), *Jer. 52,18*] Gl 1,637,27. mortere *mortarium* 3,214,31 (*im Abschn. de vasis*).

Vgl. morsâri, morsâli.

mortâri[2] *st. m., mhd.* morter; *mnd.* mörter, *mnl.* morter, mortere; *vgl. afrz.* mortier, *aus lat.* mortarium *'Mörtel'* (*metonym. Übertragung der Bez. für die Mörtelpfanne auf den darin aus zerstoßenem Kalk u. Sand bereiteten Mörtel, vgl. RGA 20,138*); *vgl.* mortâri[1]. – *Graff II,858 f.*

mort-ar-: *acc. sg.* **-i** Gl 2,565,29; **-e** 482,51; **-ere:** *nom. sg.* 3,165,19 (*SH A, 2 Hss.*). 227,53 (*SH a2, 2 Hss., 1 Hs.* -[s]e). 383,22 (*Jd*); **-erre:** *dass.* 4,183,38; **-er:** *dass.* ebda. (-[s]); *dat. sg.?* 3,419,47 [HD 2,452] (*oder nom.?*). – **mortdere:** *nom. sg.* Gl 3,393,61 (*Hildeg.*).

Mörtel: mortare [*artificis quia dextra solubilis illud*] *caementum* [*struxit, Prud., Apoth. 515*] Gl 2,482,51 (*dazu Randgl.:* scu:tenne *cementum dicitur a cedendo*). mortari *caementum* [*ebda.*] 565,29. mortere *caementum* 3,165,19 (*3 Hss.* phlastar). 383,22. 4,183,38. *michizio caementum* 3,393,61. mortere uel plaster *caementum* 227,53 (*3 Hss. nur* phlastar). morter *caemento* [*vgl. iusti vinculo caritatis, quasi cemento compaginantur et eorum collatione* (*i. e. comparatione, Anm.*) *gloriosius decorati, sine fine in domino deo iocundabuntur, HD 2,452*] 419,47 [HD 2,452].

mortcrvt Gl 3,281,20/21 *s.* môrkrût.

mǒrwe Gl 1,371,32 *s.* mur(u)uuî.

mos *st. n., mhd.* mos, *nhd.* moos; *mnd. mnl.* mos; *ae.* mos; *vgl. an.* mosi *m.* – *Graff II,868.*

mos: *nom. sg.* Gl 2,440,49 (*von anderer Hand*). 3,244,25 (*SH a2*). 246,64 (*SH a2*). 278,18 (*SH b, 2 Hss.*). 321,44 (*SH e*). 356,50. 468,54. 607,27 (*vor* m *Rasur von* m, *Steinm.;* :mos). 4,340,26 (*oder pl.* (*?*); *lat. gen. pl.*). Festschr. Kralik S. 72,15; **-]e** Gl 3,117,57 (*SH A, Wien 2400, 13. Jh.; mit wucherndem Auslautvokal oder verschr.* (*?*); *lat. nom.; im Ahd. Gl.-Wb. S. 422 als fraglich s. v.* mos); *nom. pl.* **-]** 2,728,16. 3,2,63 (*Voc.*). 4,118,46 (*Sal. a2*); *acc. pl.* **-]** 1,602,34 (*M, 2 Hss., 1 Hs. Randgl.*). Mayer, Glossen S. 82,2 (*clm 6308, Gll. 9. oder 10. Jh.; vgl. Glaser, Griffelgl. S. 569; oder sg.* (*?*); *lat. pl.*); **mus:** *nom. sg.* Gl 3,280,17 (*SH b, Adm. 269, Gll. 12. Jh.?*); **mỏs:** *dass.* ebda. (*SH b, 2 Hss.*); **moes:** *dass.* 244,25 (*SH a2, clm 2612, 12. oder 13. Jh., Wien 2400, 13. Jh.*).

mis Gl 3,278,19 *s.* mios.

1) *Moor, Sumpf:* gisic ł mos [*ponam eam in possessionem ericii, et in*] *paludes* [*aquarum, et scopabo eam in scopa terens, dicit dominus exercituum, Is. 14,23*] Gl 1,602,34. mos runst (*1 Hs. nur* runst) [*scit Tiberina*] *palus* [, *quae flumine lambitur propinquo, binis dicatum caespitem tropaeis, Prud., P. Petri et Pauli* (*XII*) *7*] 2,440,49. mos bruoch *paludes* [*Vitae patr., ohne Stellenangabe, vgl. Steinm. z. St.*] 728,16. mos *paludes* 3,2,63. 4,118,46. mose *palus, paludis a Pale dea* [*Hbr. I,231,437*] 3,117,57 (*im Abschn. De hortis et agris; 5 Hss.* bruoh). mos *palus paludis aquosa terra* 321,44. mos *palus* 356,50. Festschr. Kralik S. 72,15. venni (*übergeschr.*) mos *palus* Gl 3,607,27. *paludum* .i. coaceruatio aquę .i. mos [*zu: Europa incipit … sub plaga Septentrionis, a flumine Tanai … qui praeteriens aras ac terminos Alexandri Magni in Rhobascorum finibus sitos Maeotidas auget*] *paludes* [, *quarum inmensa exundatio iuxta Theodosiam urbem Euxinum Pontum late ingreditur, Oros. 1,2 p. 10,6*] 4,340,26. merilihun mos [*Europa incipit … sub plaga Septentrionis, a flumine Tanai … qui* *praeteriens aras ac terminos Alexandri Magni in Rhobascorum finibus sitos*] *Maeotidas* [*auget*] *paludes* [*, quarum immensa exundatio iuxta Theodosiam urbem Euxinum Pontum late ingreditur, Oros. 1,2, PL 31,673A*] Mayer, Glossen S. 82,2 (*zur Frage des Vorliegens einer Fügung* merilîh mos *u. ihrer Bed. 'meerartiger Sumpf' vgl. Glaser, Griffelgl. S. 568 ff.*).

2) *Moos:* mos *muscum quod in silva nascitur* (*crescit*) [*Hbr. II,367,150*] Gl 3,246,64 (*vgl. Anm.; 1 Hs* mios). 280,17 (*1 Hs. vor* 279,60, *vgl. Steinm.*). mos *muscus* 468,54.

3) *Flaum* (*von Pflanzen u. Früchten*)*:* moes *lanugo fructus maturus carduum vel lana terrae* [*Hbr. II,348,74*] Gl 3,244,25. mos *lanugo fructus maturus carduum ł lana terrae* 278,18 (*1 Hs.* mios).

Abl. mosîg; *vgl.* mios, mussa.

mŏs Gl 3,444,64 *s.* mûs.

mŏsære Gl 3,243,61. 4,467,4 *s.* mûsaro.

mosalîh *adj. – Graff II,868 f.*

mosa-lich-: *dat. sg. m.* **-in** Gl 2,430,36; *acc. sg. n.* **-az** 637,63 (*lat. acc. sg. f.*); *zum Fugenvokal vgl. Gröger §§ 27. 34b.*

Hierher vielleicht auch (*vgl. auch Ahd. Gl.-Wb. S. 422 u. Gl.-Wortsch. 6,436*)*, verschrieben:* **mosuhin:** *dat. sg. m.?* Gl 2,591,22 (*mus. Brit. Add. 15090, Hs. 11. Jh.*).

sumpfig: von demo mosalichin vuesin (*letzteres von anderer Hand*) [*ecquis virorum strenue cumbam peritus pellere … rapias*] *palustri e caespite* (*Hs. ces-*) [*corpus, quod intactum iacet, levique vectum lembulo amplum per aequor auferas, Prud., P. Vinc.* (*V*) *453*] Gl 2,430,36. mosuhin *palustri* [*ebda.*] 591,22 (*vgl. Formenteil*). mosalichaz [*interea pubi indomitae … nec vescas salicum frondes ulvamque*] *palustrem* [*, set frumenta manu carpes sata, Verg., G. III,175*] 637,63; *zur Lehnübers. vgl. Lauffer S. 429 f., Petri-Bean, Lehnb. S. 36.*

Vgl. mosîg.

mosar Gl 3,659,20 *s.* morsâri.

mosci *in* sonipes hros orohti mosci *sonipes equuus cornipes* Gl 1,255,21 (*K*) *ist unklar. Nach Splett, Stud. S. 383 ist wohl* hornohti (*'gehörnt'*) mosci *zu lesen. Vielleicht ist an ein Wort in der Bed. 'Huf, Fuß' zu denken. Oder liegt ein weiteres Synonym in der Bed. 'Pferd'* (*vgl. Mlat. Wb. II,1896,11 f.*) *oder auch 'Huftier', bes. 'Kuh, Kalb' vor* (*?*)*, vgl. dazu schwäb.* mu-, motsch(e)(l)[2] *f. 'Stute' Fischer 4,1845 u.* mu-, motsch(e)(l)[1] *m. 'Fohlen' ebda. sowie DWb. VI,2595 s. v.* mosche.

[**môsekewort** *mnd. st. f.; zum Erstglied vgl. Lasch-Borchling, Mnd. Hwb. 2,1025.*

meseke-ẘrt: *nom. sg.* Gl 3,555,10 (*clm 615, Hs. 14. Jh.*).

Waldmeister, Asperula odorata L. (*vgl. Marzell, Wb. 1,469 ff.*)*:* mesekeẘrt drosezloto *polonice.*]

mosewrz Gl 3,599,25 *s.* [h]niosuuurz.

mosîg *adj., mhd.* mosec, mosic, *nhd.* moosig; *mnl.* mosich.

mosigi: *nom. pl. f.* Gl 3,607,27 (*Schlettst., 12. Jh.*).

sumpfig, in der Fügung mosîgiu stat*:* mosigi stete *paludes* (*zweites* t *in* stete *vielleicht auch* c, *Steinm.; danach* venni mos *palus*).

Vgl. mosalîh.

? **mosc** *st. n., mhd.* mösch *s. v.* messe *st. n., nhd. dial. schweiz.* mösch *Schweiz. Id. 4,505, schwäb.* (*älter*) mösch *Fischer 4,1626 s. v.* mesch.

mosc: *nom. sg.* Gl 3,294,11 (*SH d; Florenz XVI.5, 12. Jh.*).

Messing: mosc orcal *auricalcum.*

Vgl. messinc.

most, must *st. m., mhd. nhd.* most; *mnl. mnd.* most, must; *ae.* must; *aus lat.* (vinum) mustum. – *Graff II,883.*

most: *nom. sg.* Gl 1,209,25 (*R*). 3,155,13 (*SH A, 5 Hss.*). 214,13 (*SH B*). 400,27 (*Hildeg.*). 667,4. Hbr. I,339,354 (*SH A*). W 132,14 [237,6]; *dat. sg.* **-**]**e** Np 74,9; *acc. sg.* **-**] Gl 2,615,9. W 132,2 [235,10].

must: *nom. sg.* Gl 3,155,14 (*SH A, Eins. 171, 12. Jh.*). 504,24 (*Mülinensche Rolle, Gll. 11./12. Jh.?*).

(*Trauben-*)*Most, junger Wein:* most *merum* Gl 1,209,25. most [*si currere*] *mustum* [*vernali sub sole velis, florentibus arvis sordidus inpressas calcabit vinitor uvas, Sed., Carm. pasch. I,89*] 2,615,9. most *mustum* 3,155,13. 214,13. 504,24. 667,4. Hbr. I,339,354. *buschinz mustum* Gl 3,400,27. (*das alte Testament ist*) chelih lutteres uuines . doh foller miscelatun . foller truosenon . also in moste . diu be diu zesamine gemiscelot sint *calix vini meri . plenus mixto* Np 74,9. samo der uuole iesente most niet unreines ne dolet hinter imo beliban [*vgl. excoquit ut sordes mustum cum bulliet omnes, Expos.*] W 132,14 [237,6]; – *vergorener Saft aus anderen Früchten:* ich scenkon dir gepimenteten uuin unte most, uzzen roten epfelen geduhtan, die uilo cornelino habent [*dabo tibi poculum ex vino condito, et mustum malorum granatorum meorum, Cant. 8,2*] W 132,2 [235,10].

Vgl. mostert *mnd.*

mostaube *frühnhd. st. sw. f.*

mos-taube: *nom. sg.* Gl 3,23,47 (*Melk K 51, 14. Jh.*).

Taube, die am Moor lebt (*vgl. Siewert, Horazgl. S. 97*)*: palumbes* (*im Abschn. Versus De volucribus; 3 Hss.* holztûba seu/ł hegitûba, *11 nur* hegitûba, *12 nur* holztûba, *1 Hs.* hol(a)tûba, *2 Hss.* hortûbe *mhd.*).

[**mostert** *mnd. st. m.; nhd. dial. rhein.* mostert *Rhein. Wb. 5,1309 f., westf.* mosterd *Woeste S. 178, nieders.* mustert, mostert *Ndsächs. Wb. 8,914 f., mnl.* mostaert, -tart, -tert; *aus afrz.* mostarde (*über das Nl., vgl. Frings, Germ. Rom. II,13 f., FEW VI,3,274*).

můstart: *nom. sg.* Gl 3,516,35 (*clm 27329, 13./14. Jh.*).

Senf (*als Zubereitung der Senfsamen mit Traubenmost*)*:* sinapis est semen *sinapium* quod fit inde .s. můstart.]

mosuhin Gl 2,591,22 *s.* mosalîh.

mot uuarpiu Gl 1,38,18 *s.* muot *u.* [h]uuerben.

motfaga Gl 1,298,39 *s.* môdfaga *as.*

[**môtian** *as. sw. v., mnd.* môten, *mnl.* moeten; *mhd.* muoten (*aus dem Mnd. entlehnt*); *afries.* mēta, mōta; *ae.* métan; *vgl. got.* gamotjan.

muotin: *3. pl. conj. prt.* S 1,2 (*Hildebr.; zu* -t- *statt* tt *vgl. Lühr, Hildebr. S. 394*).

rezipr.: einander begegnen, mit Dat.: ik gihorta đat seggen, đat sih urhettun ænon muotin Hiltibrant enti Hađubrant (*zum Verb u. zur Stelle vgl. a. a. O. S. 50. 391 ff.*).]

motsandium Gl 5,105,34 (*nach* Gl 2,595,44) = Wa 88,17 (*vgl.* Sprachwiss. 28,63; *Paris Lat. 18554, 11. Jh.* (?); *zur Lesung als* motfandium, *so Ausg. Wadstein, vgl. Tiefenbach, Sprachwiss. a. a. O. u. Anm. 43*) *als Randgl. zu: ipsa (Discordia) redimitos olea frondente capillos ostentans] festis [respondet laeta choreis, Prud., Psych. 688] ist nicht sicher gedeutet. Tiefenbach, Sprachwiss. a. a. O. S. 66 stellt die Form mit* s- *für* sc *als Dat. Plur. zu* mōdscandīg *as. adj. 'eine schändliche Sinnesart habend'. Demnach läge eine interpretierende Übers. von lat. festus 'feierlich, fröhlich' (bez. auf die Gesänge, in die die hinterhältige Discordia einstimmt) über das Gegenteil, also etwa 'frivol, wollüstig' (vgl. auch As. Hwb. S. 278) vor. Blech, Gl.-Stud. S. 410 dagegen hält Dat. Plur. mit Steinm., ZfdA 42,203 wegen Nichtabschwächung für unwahrscheinlich u. sieht die Gl. für nicht volkssprachlich an. Sie vermutet in* motsandium *die verderbten lat. Gll. mundis und sanctis zu festis, wie sie in einem angelsächs. Glossar überliefert sind; zu weiteren früheren Deutungsversuchen vgl. Tiefenbach a. a. O. S. 66 Anm. 43.*

motto *sw. m.*; *mnd.* mōde, modde, mudde *f. m.*, *mnl.* modde *f.* (*alle in anderer Bed.*); *vgl. mhd.* mot *n.*, *nhd.* (*älter*) mott *m.* (*beide in anderer Bed.*); *zur Bildg. vgl. Lühr, Expressivität S. 297 f. – Graff II,679.*

motto: *nom. sg.* Gl 2,155,26 (*Sg 183, Gll. 11. Jh.*).

Fäulnis, Verwesung (*vgl. DWb. VI,2600 f. s. v.* mott *u. Schatz, Ahd. Gr. § 195*): *Vok.-Übers.*: motto kocco [*ob hoc tantum concipitur, ut adversus fratrem*] *rancor* [*taciturnitate servatus protelari diutius possit, Cassian, Inst. XII,27 p. 469*] (*statt kontextgerecht 'Groll'*).

mouder Gl 3,502,41 *s.* muodi.

moulo Gl 1,703,11 *s.* innŏvili.

mouma Gl 3,426,14 *s.* muoma.

mourbom Gl 3,720,17 *s.* môrboum.

mouruhc Gl 3,578,36 *s.* mor(a)ha.

? **mouuua** (*st. sw.?*) *f.*, *mhd.* mouwe *st. sw. f.*, *nhd.* maue (*vgl. DWb. VI,1772*); *mnd.* mau-, mouwe, ma-, mowe; *mnl.* mou-, mau-, mo-, muwe; *afries.* mouwe, mou.

Verschrieben (?): **mayn:** *dat. pl.* Gl 4,346,1 (*verschollene Grazer Hs., 11. Jh.* (?); *nach Steinm. vielleicht als* maun *u. damit* mouwen *zu deuten*).

Ärmel: habiliohen (*l.* -lichen, *Steinm.*) mayn [*zu: capit inpia Erinnys consensu faciles*] *manicisque tenacibus* (*Hs. tenacibus manicis*) [*artat, Prud., Psych. 567*]; *zur Glossierung vgl. Ahd. Wb. 4,528 s. v.* habalîh.

movderwaga, movrwage Gl 1,685,20/21. 20 *s.* mûruuâga.

moyne Gl 3,47,5 *s.* mun(i)uua.

mozihogiuuata Gl 1,451,60 *s.* mûzgiuuâti.

mozzer Gl 3,692,67 *s.* ?mûzâri.

mǒzzonti H 20,3,1 *s.* mûzôn.

m^{s}sa Gl 4,255,5 *s.* mǣw *ae.*

mu- *s. auch* muo-.

muā Gl 4,310,7 (*Zürich Rhein. 99a, Gll. 9. Jh.?*) *zu:* [*paucorum hominum asserit perversa contentio, quibus utique nec in toto veteri instrumento post septuaginta interpretes emendare*] *quid licuit* [, *nec in novo profuit emendasse, Praef. in evangelistas ad Dam. p. XXIII*] *ist unklar. Lat. licet kann im Ahd. sowohl durch die Verbindung* muoza *ist als auch durch das Verb* muozan *wiedergegeben werden, jedoch ist weder das Subst.* muoza *noch das Verb* muozan *zweifelsfrei abzusichern. Zur Zuordnung zum Subst. vgl. Steinm. Anm. z. St., nach Ahd. Gl.-Wb. S. 426 u. Gl.-Wortsch. 6,470 dagegen vielleicht zum Verb.*

mua- *s. auch* muo-.

muatfleuui Gl 2,321,42 *s.* ?muotsleuuî.

muazo *in:* m muazo Gl 4,450,15 (*Sg 330, Hs. 9. Jh.*), *ohne Textbezug am unteren Rand der Seite stehend u. nach Steinm. Federprobe mit erstem* m *als Ansatz von* muazo, *ist vielleicht als der auch urkundlich in St. Gallen belegte ahd. Personenname* Muozo *'einer, der Muße, Zeit hat' zu deuten (vgl. Bergmann, in: Festschr. Masser S. 41)*; *vgl. auch* muozo.

mucc- *s.* mugg-.

mucgun T 141,18 *s.* mugga.

muchaathinblume Gl 3,530,38 *s.* muscâtenbluome *mhd.*

muchime Gl 3,673,22 *s.* mûhheimo.

muck- *s.* mugg-.

muc.t Festschr. Bergmann S. 15,4 (*Wallerst. I, 2, Lat. 4°, 2, Gll. 8. u. 9. Jh.;* -uc- *u.* t *unsicher*) *zu:* [*si dixerimus, 'Ex hominibus', timemus*] *populum* (*Hs. plebem*) [*Marc. 11,32*] *ist nicht gedeutet; zur Eintragung u. zum Bezug der Griffelgl. wohl auf plebem vgl. Glaser z. St.*

mud- *s. auch* muod-.

[? **mūthbiti** *as. st. m.* (*zum Ansatz vgl. As. Hwb. S. 283 u. Formenteil*); *vgl. nhd.* mundbissen.

muht-bita: *acc. pl.* Gl 2,595,18 = Wa 88,14 (*Paris lat. 18554, 10. oder 11. Jh.*); *zum Ansatz als mask.* i-*Stamm trotz Endung* -a *vgl. As. Hwb. S. 283 u. Gallée, As. Gr.*[3] *§ 315; zur Interpretation der Endg. als Form der* a-*Deklination u. zum Ansatz von* mūthbit *st. m. vgl. Blech, Gl.-Stud. S. 403 u. 415 mit Anm. 2081, vgl. dazu Gallée a. a. O. § 297 Anm. 6a; im Ahd. Wb. 1,1165 dagegen vielleicht bei Annahme einer Grundformglossierung (vgl. dazu Tiefenbach, Sprachwiss. 28,68) als Komp.* mûđbito *unter* bizzo *sw. m. aufgeführt.*

Brocken: muhtbita [(*guttur*) *vomuit, quas hauserat,*] *offas* [*Prud., Psych. 426*].]

gi-**mūthi** *as. s.* gi-mundi.

mudde, mů̂dde, muddi *s.* mutti.

muder Gl 3,358,9 *s.* muodar.

mudi Wa 26,17 (*M*). 33,29 (*K*) *s.* mutti.

..můdiger Gl 2,38,24 *s.* hôhmuotîg.

muelpho, muerpen Gl 2,720,46. 378,22 *s.* mûuuerfo.

muezziogiuuati Gl 1,813,37 *s.* mûzgiuuâti.

mugan *s.* magan.

mugel Gl 4,270,35 *s.* mergel.

mügelîcheit *mhd. st. f.*, *nhd.* möglichkeit; *mnd.* mōgelichê^{i}t, *mnl.* mogelijcheit.

mugelicheit: *nom. sg.* Gl 4,88,24/25 (*Sal. a1, Prag, mus. Bohem., 13. Jh.*).

Vermögen, Fähigkeit: possibilitas (*2 Hss.* mahtigo, *1 Hs.* matigo, *1* mechtig, *s. unter* mahtīgî).

-mugelîh *s.* unmugelîh.

mugga *st. sw. f., mhd.* mücke, mucke, mügge, mugge, *nhd.* mücke; *as.* muggia, *mnd.* mügge, *mnl.* mugge; *ae.* mycg, mygg *m.*, mycge *f.* (?); *vgl. an.* mý *n.* – *Graff II,654.*

mucc-: *nom. sg.* **-a** Gl 1,93,25 (*R*). 484,9 (*M, 6 Hss.*). 2,156,11 (-v-). 364,5 (*M, 4 Hss.*). 3,90,38 (*SH A;* -kk-). 229,22 (*SH a2*). 269,34 (*SH b, 2 Hss.*). 348,24 (*SH i*). 447,34. 452,42 (-kk-). 500,27. 673,18. 683,38. 692,32. 4,51,15 (*Sal. a1, 4 Hss.*). 96,4 (*Sal. a1, 6 Hss., 1 Hs.* -kk-). 138,55. 159,32 (*beide Sal. c*). 169,46 (*Sal. d*). 294,35. Ahd. I,571,23. Beitr. (Halle) 85,223. 86,395,94 (*Wolf. Wiss. 50, 9. Jh.*). Meineke, Ahd. S. 38,355 (*Sal. a1;* -c^{c}-); **-e** Gl 1,484,11 (*M*). 3,48,25 (-kk-). 55,20 (-kk-). 4,185,24 (*2 Hss., 1 Hs.* -kk-); **muck-:** *dass.* **-a** 200,18; **-]** 3,90,39 (*SH A*); **muckch:** *dass.* 48,1 (*Wien 3213, Gll. 15. Jh.?*); **much:** *dass.* 2; **muk-:** *dass.* **-a** 2,370,72 (-c-). 375,28 (-vc-). 3,30,15 (-c-). 229,22 (*SH a2, 2 Hss.*); **-e** 324,29 (*SH f;* -v-). 4,217,46; **-]** 3,48,1. 3. 25 (*2 Hss.*). Hbr. I,168,779 (*SH A;* -a *rad.*). – **mòcca:** *nom. sg.* Gl 1,484,12 (*M, clm 22201, 12. Jh.; zu* -ǒ- *für* u *vgl. Matzel S. 56*). – **mück:** *nom. sg.* Gl 3,48,25 (*Hs. 15. Jh.*); **mv̊ke:** *dass.* 355,12 (*zur Umlautgraphie* -v̊- *vgl. Paul, Mhd. Gr.*^{25} *§ L 36*).

mugke: *nom. sg.* Gl 3,90,38 (*SH A*).

mugg-: *nom. sg.* **-a** Gl 1,721,13 (*M; lat. acc.*). 2,242,8 = Wa 82,2. 3,15,51. 90,37 (*SH A, 4 Hss., 1 Hs.* -v-). 204,44 (*SH B*). 229,21 (*SH a2, 2 Hss.*). 297,29 (*SH d*). 308,73 (*SH d*). 314,63 (*SH e*). 332,23 (*SH g, 3 Hss.*). 345,44 (*SH g*). 4,96,5 (*Sal. a1, 2 Hss.*). Stricker II,49,6 (*SH*). Thies, Kölner Hs. S. 164,14 (*SH*). 184,3 (*SH*); **-e** Gl 3,345,45 (*SH g;* -e *aus* -a *korr.*). 365,51 (*Jd*). 721,21; **-]** 345,44 (*SH g;* -æ *rad.*); **mug-:** *dass.* **-e** 4,96,6 (*Sal. a1*); **-]** 3,90,39 (*SH A*). – **mv̊gge:** *nom. sg.* Gl 3,692,32 (*clm 14584, 13. Jh.*).

Stark: **muccha:** *nom. pl.* Siewert, Horazgl. S. 232,25; **mucc-:** *acc. sg.* **-a** Gl 2,330,54 (*clm 14747, 9. Jh.;* -kk-); *nom. pl.* **-a** BES 6,50,8. Siewert, Horazgl. S. 246,6. Np 104,31.

Schwach: **mucc-:** *acc. sg.* **-un** Gl 1,716,65 (*2 Hss.;* -kk-). 2,176,3 (*clm 6277, Hs. 9. Jh.*). 195,60 (*M, 5 Hss.*). 199,28. 240,57 (*Zürich Rhein. 35, Hs. 9./10. Jh.*). 5,16,19 (-kk-). Mayer, Glossen S. 40,10 (*zweites* u *unsicher*). 149,17 (*Zürich Rhein. 20, Hs. 9. Jh.*). F 17,20; **-an** Gl 1,721,11 (*M, 2 Hss.*). 5,18,26 (*M*); **-en** 1,721,11 (*M;* -kk-); *nom. pl.* **-un** 521,53 (*M;* -kk-). Npw 104,31; **-in** Gl 1,327,5 (*M*); *acc. pl.* **-un** 486,18; **-en** 3,417,19 [HD 2,363] (-kk-); **muck-:** *nom. sg.* **-e** 1,255,7 (*K; zu* -e *vgl. vgl. Schatz, Ahd. Gr. § 336*); *acc. sg.* **-un** 2,25,6/7 (-^{c}k-); **muk-:** *dass.* **-un** 24,33/34 (*clm 14117, Hs. 9./10. Jh.*); **-in** 1,721,12 (*M*). 4,294,30 (*M; oder dat.; lat. abl.*); *nom. pl.* **-on** 209,9. – **mv̊kæn:** *acc. sg.* Gl 1,721,12 (*M, clm 14745, 14. Jh.*).

mucgun: *acc. sg.* T 141,18.

mugg-: [*nom. sg.* **-ia** Wa 107,30;] *acc. sg.* **-iun** Gl 4,291,46 = Wa 52,2; **-un** 1,721,13 (*M, 2 Hss., 1 Hs.* -vn); *nom. pl.* **-en** 3,405,1 [HD 2,10].

Verstümmelt: **mucc|:** *nom. sg.* Gl 3,453,9; **..cge:** *dass.* 6,66 (*Voc.; zu* -e *vgl. Schatz, Ahd. Gr. § 336*).

[*Ae. ist, verschrieben:* **mugigi:** *nom. sg.* Beitr. 63,454 (*Leiden Voss. lat. fol. 24, 9. Jh.; s. u.*).]

1) (*Stech-)Mücke* (*vgl. Wb. d. dt. Tiern. Sp. 684 ff.*): fliuga mucca *culix* Gl 1,93,25. mucke *scinifex* (*auch ci-, -fes, -phes, -ps*) 255,7 (*zum lat. Lemma vgl. Sleumer S. 210 s. v. cinips u. S. 702 s. v. scinips*). 3,48,1 (*darunter 1 Hs.* clein much). 308,73. 447,34. 4,96,4. 159,32. 209,9. 217,46. Meineke, Ahd. S. 38,355. Thies, Kölner Hs. S. 184,3. muccin [*sint*] *sciniphes* [*in universa terra Aegypti, Ex. 8,16*] Gl 1,327,5. mucca *conopis Chaldaice* [*zu: videns ... Iudith Holofernem sedentem in*] *conopoeo* [*, quod erat ex purpura, et auro ... intextum, Judith 10,19*] 484,9 (*zum lat. Lemma vgl. Mlat. Wb. II,1476,20*), *z. gl. St.* conopeum in similitudinem retis contextum propter muscas fliugun et culices muccun 486,18. mukkun ł mizzun [*et venit coenomyia: et*] *cinifes* (*Hs. sci-*) [*Ps. 104,31*] 521,53 (*1 Hs. nur* mîza, *1* zinzalas (*lat.*) ł huntfliegin), *z. gl. St.* unde chamen sar . die huntfliegun unde mucca chamen NpNpw 104,31. mukkun [*excolantes*] *culicem* [*, camelum autem glutientes, Matth. 23,24*] Gl 1,716,65. 721,11. 2,24,33/34 (*Ambr. super Luc. 1,6 p. 731 = ebda.*). 25,6/7 (*ebda.*). 176,3 (*Greg., Cura 3,33 p. 92 = ebda.*). 195,60 (*ebda.*). 199,28 (*ebda.*). 242,8 (*Hs. culix*) = Wa 82,2 (*ebda.*). 4,291,46 = Wa 52,2. 294,30 (*Hs. -e*). 35 (*Hs. culex*). 5,16,19. 18,26. Mayer, Glossen S. 40,10 (*Greg., Cura 3,33, PL 77,116D = ebda.*). 149,17, *z. gl. St.* dei muccun Gl 2,240,57 (*Greg., Cura 3,33 p. 92 = ebda.*), mizzun lancpeinna mukka 330,54 (*Hier. in Matth. 7,3–5 p. 47 = ebda.*), sihante uz muccun olbantun auuar slintante F 17,20. T 141,18. mvcca [*cur ita factus esset*] *culex* [*, ut cum sit animal exiguum, et sex habeat pedes, insuper additae sint ei et alae, Clementis recognitiones 1,8 p. 1211*] Gl 2,156,11. mucca [*ex syllaba finita masculini sunt generis declinationis tertiae, ut hic ...*] *culex* [*culicis, Phocae ars 420,29*] 364,5. miza muca [*alia ... masculina sunt: hic vertex,*] *culex* [*, pollex, Prisc., Inst. II,164,23*] 370,72 (*1 Hs. nur* miza, *vgl.* Gl 4,507,6), *z. gl. St.* mvca 375,28. Beitr. (Halle) 86,395,94. mugga *culix* (*auch -ex*) Gl 3,15,51 (*danach* mizun *scinifes*). 48,3 (*andere Hss.* zuui̊faltar *pulex*). 25. 55,20. 90,37. 204,44. 229,21. 269,34. 297,29. 314,63. 324,29. 332,23. 348,24. 355,12. 365,51 (*darauf cinifes idem*). 452,42. 453,9. 500,27. 673,18. 683,38. 692,32. 721,21. 4,51,15. 138,55. 169,46. 185,24. 200,18. [Beitr. 63,454 (*z. St. vgl. auch Schlutter, Anglia 33,250*).] Hbr. I,168,779. Stricker II,49,6. Thies, Kölner Hs. S. 164,14. *scinifes culix* Gl 3,345,44. muggen *culices* [*vgl. Pharaonem non ursi nec leones vastaverunt, sed culices et cinifes afflixerunt, HD 2,10*] 405,1 [HD 2,10]. mukken fliegen *culices* [*vgl. perpetitur culices, pulices et mille dolores, HD 2,361*] 417,19 [HD 2,363]. mucca *culex ab eculeo dictus* Ahd. I,571,23. mucca *culex* [*... susurrando vulnerat, Greg., Mor. in Job 1,15 p. 23*] Beitr. (Halle) 85,223. mucca *culices* [*non tangent te, si absenti herbam cum oleo coquas et eo te perunxeris, Ambr., Ex. 3,37 p. 84*] BES 6,50,8. muccha [*mali*] *culices* [*ranaeque palustres avertunt somnos, Hor., Serm. I,5,14*] Siewert, Horazgl. S. 232,25. 246,6. [muggia *culex* [*ab aculeo dictus, quod sanguinem sugat, Is., Et. XII,8,13 p. 471*] Wa 107,30].

2) *Hundsfliege* (*vgl. Wb. d. dt. Tiern. Sp. 686 ff.*): mucge *cinomia* Gl 3,6,66 (*darauf* mizun *scinifes; zum lat. Lemma vgl. Mlat. Wb. II,2187 f. s. v. cynomyia*).

3) *Zikade:* muca *cicada* Gl 3,30,15 (*andere Hss.* grillo, heimo, heimil, heimilî(n), mûhheimo, heuuiscrickil, habarscrecko).

Komp. gras(a)-, holzmugga, hundes-, stein-, weinmucke *mhd.*

[Woitkowitz]

mugginezzi *s.* muggûnnezzi.

muggûnnezzi, mugginezzi *st. n., mhd.* mückennetze, *nhd.* mückennetz; *mnl.* muggennette; *ae.* mycgnett. – *Graff II,1117.*

mucc-un-netze: *dat. sg.* Gl 1,484,13 (*M;* -kk-); **-nezi:** *nom. sg.* 4,309,23; **-in-nezz-:** *dass.* **-i** 1,484,10 (*M; lat. abl.*);

-en-: *dass.* **-**] 11 (*M*); **muk-en-nez:** *dass.* 3,150,25 (*SH A*); **-neze:** *dat. sg.* 4,273,17 (-kēn-); **-n-næze:** *dass.* 1,484,14 (*M; oder verschr.?*). – **mugkun-nezzi:** *nom. sg.* Gl 3,150,24 (*SH A*). – **mugg-un-nezze:** *nom. sg.* Gl 3,150, 23/24 (*SH A;* -ı̣^{v},^{n}n-); *dat. sg.* 1,484,14 (*M;* -v-, -vn-); **-en-:** *nom. sg.* 3,150,25 (*SH A;* -v-); **mug-un-neze:** *dat. sg.* 1,484,15 (*M*); **-on-nezzo:** *dass.* 12 (*M, clm 22201, 12. Jh.; zu* -o *vgl. Matzel S. § 73*).

muknezze: *nom. sg.* Gl 4,213,30 (*2 Hss.*). – **mugginezzi:** *nom. sg.* Gl 3,150,23 (*SH A*); **muggenezze:** *dass.* 190,51 (*SH B*). 411,20 [HD 1,77]; **muggeneze:** *dass.* 620,18 (-z- *aus* h *korr.*); **muggnezze:** *dass.* 190,51 (*SH B*). – **můchenezze:** *nom. sg.* Hbr. I,329,200 (*SH A*).

mucca-nezzi: *nom. sg.* Gl 1,487,32 (*Rf*). 3,624,66 (*11. Jh.*); **-neze:** *dat. sg.* 1,484,8 (*M, 5 Hss.*).

Verschrieben: **muozzinezi:** *nom. sg.* Gl 1,484,13 (*M; lat. abl.*); **muguze:** *dat. sg.* 15 (*M*); **mukkan-nele:** *dass.* 16 (*M*).

Mückennetz: muccaneze [*videns … Iudith Holofernem sedentem in*] *conopoeo* [*, quod erat ex purpura, et auro … intextum, Judith 10,19*] Gl 1,484,8 (*1 Hs. -um*). 487,32 (*Hs. -um*). 4,273,17. 309,23 (*Hs. -um*). mugginezzi *conopeum* 3,150,23. 190,51. 620,18. 624,66. 4,213,30. Hbr. I,329,200. muggenezze *conopeum* [*zu Judith 13,10. 19, vgl. HD 1,77 Anm. 42*] Gl 3,411,20 [HD 1,77].

mugk- *s.* mugg-.

muh- *s. auch* muo-.

muhful Gl 2,717,66 = Wa 113,28 *s.* mundfol.

mûhhâri, -eri *st. m. – Graff II,655.*

muhhari: *nom. sg.* Gl 1,162,1 (*PaK*); **mucheri:** *dass.* AJPh. 55,233 (*Sg 312, Gl. 10. Jh.* (*?*), *zu* -eri *vgl. Siewert, Horazgl. S. 389*).

Verschrieben: **muuhuari:** *nom. sg.* Gl 1,162,1 (*Ra; l.* muuhhari).

1) *Wegelagerer:* muhhari *grassator* Gl 1,162,1.

2) *Meuchelmörder:* mucheri [*siquis erat dignus describi, quod malus ac fur, quod moechus foret aut*] *sicarius* [*aut alioqui famosus, Hor., Serm. I,4,4*] AJPh. 55,233.

Vgl. mûhhilâri, mûhhinâri, mûhho[1].

mûhheimo *sw. m., mhd.* mûcheime, *frühnhd.* mucheim (*vgl. DWb. VI,2603*); *as.* mūkhêmo. – *Graff IV,953.*

Alle Belege im Nom. Sing.

muh-heim-: -o Gl 3,442,34; **much-: -o** 30,15. 442,33; **muhc-: -o** 33/34. 446,56/57 (*Sg 299, 9. Jh.*); **mucheim-: -o** 443,33 (-ch,^{e}i-). 448,37. 460,17. 692,4; **-**] 30,15 (-v-). – **mukhemo:** Gl 4,203,5.

Verschrieben: **nuh-haine:** Gl 3,714,49; **muchime:** 673,22.

rheimo Gl 3,81,55 (*SH B, vgl. Hbr. II,559,6; nach* Hbr. II,61,113 miurheimo *zu lesen; als Verschr. auch hier zuordenbar*) *s.* heimo.

Grille, Heimchen, Gryllus domesticus L. (*vgl. Brehm 2,92*), *auch Zikade:* muchheimo *cicada* Gl 3,30,15 (*andere Hss.* grillo, heimo, heimilî(n), heimil, heimmûche *mhd.*, mucka, habarscrecko, heuuiscrickil). 714,49. *grillus* (*auch grellus u. ä.*) 442,33. 446,56/57 (*1 Hs.* heimilo, *1* heimo). 448,37. 460,17. 692,4. 4,203,5. grello mucheimo *grillus* 3,443,33 (*zu* grello *vgl.* grillo *sw. m., Nachtrag*). 673,22.

Vgl. mûhho[2].

mûhhilâri *st. m., mhd.* miucheler, mûcheler, *nhd.* meuchler. – *Graff II,655.*

Alle Belege im Nom. Sing., ab 12. Jh. belegt.

much-ilar-: -i Gl 3,140,58 (*SH A, 2 Hss.*); **-**] ebda. (*SH A*); **-ilere:** Hbr. I,291,300 (*SH A*); **-elare:** Gl 3,140,60 (*SH A;* -v-); **můch-ilare:** 186,52 (*SH B; zur Umlautgraphie* -ů- *vgl. Paul, Mhd. Gr.*[25] *§ L 36*); **mug-ilere:** 140,59 (*SH A;* -v-); **-elare:** ebda. (*SH A*); *zum Verschlußlaut* -g *für* -ch- *in nachträglichem Silbenanlaut vgl. a. a. O. § L 109 Anm. 4.*

Meuchelmörder: muchilari *sicarius a secando dictus, sica enim est gladius* [*Hbr. I,291,300*] Gl 3,140,58. Hbr. I,291,300. *sicarius qui occulte occidit homines* [*Hbr. II,21,412 f.*] Gl 3,186,52.

Vgl. mûhhâri, -eri, mûhhinâri, mûhho[1].

mûhhilsuuert *st. n., nhd.* meuchelschwert. – *Graff VI,898.*

Belege im Nom. Sing., wenn nicht anders angegeben.

muhili-suert: Gl 2,601,58 (*M*); **muchil-:** 3,160,34 (*SH A; 3 Hss., 1 Hs.* mv-, sv-). Hbr. I,351,68 (*SH A*); **-swert:** Gl 3,160,33 (*SH A*); **muchel-:** 35 (*SH A;* -v- *aus* i *korr.*); **muhchil-:** *acc. sg.* 2,534,32 (-v-, *aus* i *korr.*).

Verschrieben: **mulchil-suert:** Gl 3,215,21 (*SH B*).

Dolch: muhchilswert *sicam* [*sub veste tegit, Prud., Psych. 689*] Gl 2,534,32. muhilisuert *sica* (*nach Gl.-Wortsch. 6,442 noch Gl. gladius brevis*) [*zu: praecipue in diebus festis*] *sicarii* [*plebibus admixti occultatis pugionibus oberrantes, Ruf., Hist. eccl. II,20,5 p. 161,1*] 601,58. muchilswert *sica a secando* [*Hbr. I,351,68*] 3,160,33 (*im Abschn. De armis*). Hbr. I,351,68. *sica* Gl 3,215,21 (*im Abschn. De armis*).

mûhhinâri *st. m.*

muchinari: *nom. sg.* Gl 4,201,39 (*sem. Trev.*).

Räuber: effractor.

Vgl. mûhhâri, -eri, mûhhilâri, mûhho[1].

mûhho[1] *sw. m., nhd. dial. schweiz.* mūch *Schweiz. Id. 4,62. – Graff II,655.*

muuheo: *nom. sg.* Gl 3,5,13 (*Voc.*).

Wegelagerer, Räuber: latro.

Vgl. mûhhâri, -eri, mûhhilâri, mûhhinâri.

mûhho[2] *sw. m.*

mucho: *nom. sg.* Gl 3,318,24 (*SH e, Prag, Lobk. 435, 12. Jh.*).

Grille, Heimchen, Gryllus domesticus L. (*vgl. Brehm 2,92*)*: grillus.*

Vgl. mûhheimo.

mûhhôn *sw. v., mhd.* mûchen, *nhd. bair.* (*älter*) mauchen *Schm. 1,1561, schweiz.* mûche^{n} (*mit st. Part. Praet.*) *Schweiz. Id. 4,62; mnl.* muke *f. – Graff II,655.*

muhhon: *inf.* Gl 1,162,9 (*PaK*).

wegelagern, räubern: grassare.

Abl. mûhhâri, -eri, mûhho[1]; *vgl.* mûhhilâri, mûhhinâri.

muhsina (*st. sw.?*) *f.; zum Ansatz vgl. Splett, Ahd. Wb. I,2,1226* (*Einzeleinträge*). – *Graff II,657.*

muhsina: *nom. sg.* Gl 3,219,13 (*SH a1*). 297,31 (*SH d*). 314,69 (*SH e*); **musina:** *dass.* Thies, Kölner Hs. S. 164,15 (*SH*).

Verschrieben: **mushina:** *nom. sg.* Hbr. II,108,61 (*SH a1*).

Tasche, Ranzen: muhsina ł tasca *cassidile* Gl 3,219,13. Hbr. II,108,61. Thies, Kölner Hs. S. 164,15. *cassidile; petra* (*l. pera?*) Gl 3,297,31. *cassida pera* 314,69.

muhtbita Gl 2,595,18 = Wa 88,14 *s.* ?mūthbiti *as.*

muhuuerf Gl 3,17,42 *s.* mûuuerf.

muillen S 96,38 *s.* mullen.

mu:in Gl 4,302,38 *s.* munan.

muise Gl 2,504,28 *s.* mûs.

muizchewete Gl 1,451,59/60 *s.* mûzgiuuâti.

muk- *s. auch* mugg-.

mukhemo Gl 4,203,5 *s.* mûhheimo.

ir-**muckazzen** *sw. v.; vgl. nhd.* mucksen. – *Graff II,655.*

ir-mukk-azan: *inf.* Gl 1,379,4 (*M, clm 14584, 12. Jh.;* -u^{c}c-); **-izen:** *dass.* 3 (*M, clm 4606, 12. Jh.*).

Verschrieben: **ir-oniccazan:** *inf.* Gl 4,261,37 (*M, Goslar 2, 14. Jh.;* -ni- *kann auch* iu, ui *gelesen werden, Steinm.*).

aufbegehren: irmukkizen [*nullusque contra filios Israel*] *mutire* [*ausus est, Jos. 10,21*] Gl 1,379,3 (*4 Hss.* uuinisôn, *1 Hs.* uuinisôn giuuahanen, *2 Hss.* zispen, *2* irgickazzen, *1 Hs.* irgackizzen, *1 mit Wortersatz im Lat.:* dv miz *metire*). 4,261,37.

? fir-**mucken** *sw. v.; vgl. mhd.* zermucken, *nhd.* mucken (*DWb. VI,2609ff., vgl. dazu Pfeifer, Et. Wb.*[2] *S. 894 u. Kluge, Et. Wb.*[25] *S. 637f. s. v.* mucken). – *Graff II,655.*

far-muck-: *3. sg.* **-it:** Gl 1,130,36 (*Ra*); **-much-:** *dass.* ebda. (*Pa*); **fir-mochid:** *dass.* ebda. (*K; zu* -o- *für* u *vgl. Kögel S. 19*).

abgestumpft sein, oder ersticken (?): fardampfit farmuchit *suffocatio ebitudo* (*l. hebetudo*) (*zur Glossierung ausgehend von suffocatio vgl. Splett, Stud. S. 199*).

mûl *st. m., mhd.* mûl *st. m. n., nhd.* maul *n.* (*vgl. DWb. VI,1795f.*); *mnd.* mûl *m. n., mnl.* muul; *ae.* múl; *an.* múll; *aus lat.* mulus. – *Graff II,719f.*

mul: *nom. sg.* Gl 3,17,55. 79,51 (*SH A, 4 Hss., 2* -v-). 201,57 (*SH B*). 367,45 (*Jd*). 443,25 (*2 Hss., 1 Hs.* -v-). 448,22. 450,10. 40 (*Carlsr. Aug. CCLXI, 9. Jh.*). 504,16. Hbr. I,146,436 (*SH A*). NpNpw 31,9 (-û-); *acc. sg.* **-]** ebda.; *dat. pl.* **-]in** Gl 1,616,31 (*M, 2 Hss.*). Festschr. Leid. S. 95 (*M*); **můl:** *nom. sg.* Gl 3,441,15 (*clm 14584, 13. Jh.*). – **maul:** *nom. sg.* Gl 3,79,52 (*SH A, 15. Jh.*).

Maulesel, -tier: mulin [*adducent omnes fratres vestros de cunctis gentibus ... in equis, et in quadrigis, et in lecticis, et*] *in mulis* [*... ad montem ... Ierusalem, Is. 66,20*] Gl 1,616,31 (*vgl.* Davids, Bibelgl. S. 253,977). Festschr. Leid. S. 95. mul *mulus* Gl 3,17,55. 79,51. 201,57. 367,45. 441,15. 443,25. 448,22. 450,10. 40. 504,16. Hbr. I,146,436. *tropus* Gl 3,448,22 (*zum unklaren lat. Lemma vgl. Steinm.*). nesint solih . so daz ros unde der mul . diu âne fernumest sint *nolite fieri sicut equus et mulus quibus non est intellectus* NpNpw 31,9. eigener unde fremeder herro ritet daz ros . unde ledet den mul ebda.

Abl. mûlin; *vgl.* mûlo.

mula *s.* mulin.

mûla *st. f., mhd.* mûl(e) *st. n.,* mûle *sw. f., nhd.* maul *n.; mnd.* mûl *n.,* mûle *f., mnl.* mule *f. m.; afries.* mūl(a) *m.; an.* múli *m.* – *Graff II,720.*

mul-: *nom. sg.* **-a** Gl 2,732,1 (*clm 14747, 9. Jh.*); *dat. sg.* **-o** Nc 750,14 [65,19] (-û-).

Schnauze: snabul ł mula [*lucerna quidem multis lucet,*] *rostrum* [*tamen proprium incendit, Vitae patr. 665a,2*] Gl 2,732,1. sin (*des Sternbilds Stier*) houbet ist mit finf sternon so gescafot . taz man einen sihet an dero mulo . einen an demo uuinsteren ougen . zuene an demo zeseuuen ... die fure einen gezelet sint . zuene an dien hornen [*vgl. habet stellas . in singulis cornibus singulas . in fronte duas . in unoquoque oculo unam . in nare unam, Aratus*] Nc 750,14 [65,19].

mûlaberi, mûlberi *s.* môr(a)beri.

mûlboum *s.* môrboum.

mulhtra *s.* muolt(e)ra.

mulî *s.* mulin.

fir-**mulida** *st. f.* – *Graff II,712.*

far-mulida: *nom. sg.* Gl 1,62,21 (*Ra*).

Zerknirschung: contritio (*zur Glossierung vgl. Splett, Stud. S. 120; PaK* firmullen).

mulin, mulî *st. f.* (*zur Bildg. vgl. Braune, Ahd. Gr.*[15] *§ 211 Anm. 3c*), *auch* **mula** *st. f.* (?), *mhd.* mül, müle *st. sw. f., nhd.* mühle; *mnd.* mōle, *mnl.* molen(e) *f. m.; afries.* molene, molen, molle; *ae.* mylen *m.; vgl. an.* mylna *f.; aus lat.* molina. – *Graff II,712 s. v.* muli.

Alle Belege im Nom. Sing.

mulin: Gl 3,166,29 (*SH A, 3 Hss., 1 Hs.* -v-). 408,18 [HD 2,41]. 628,21. 28. 630,43 (*cgm 5248,2, 9. Jh.*). Hbr. I,92,812 (*SH A*); **můl-: -in** Gl 3,212,33 (*SH B*). Hbr. I,368,373 (*SH A*); **-en** Gl 3,166,58 (*SH A*). 370,40 (*Jd*); **mòlin:** 166,58 (*SH A, Trier 31, 12. Jh.*).

mul-: -i Gl 2,9,36 (*lat. abl.*). 3,628,28 (*2 Hss.*). 629,11. 630,25; **-e** 167,1 (*SH A;* -v-; *im Gl.-Wortsch. 6,443 s. v.* mula *f.*). 666,55.

mvla: Gl 3,63,30 (*SH A, clm 2612, 12. oder 13. Jh.*).

Mühle: muli *mola* (*Hs. De mola*) [*Aldh., Enigm. LXVI, Überschr. p. 127*] Gl 2,9,36. mvla *molae* 3,63,30. 630,25. Hbr. I,92,812. mvlin *molendinum* Gl 3,166,29 (*im Abschn. De molendino*). 212,33 (*im Abschn. De molendino*). 370,40 (*im Abschn. De rebus pistrini et horrei*). 628,21. 28. 629,11. 630,43. 666,55. Hbr. I,368,373 (*im Abschn. De molendino*). mulin *mola* [*vgl. mola malae conscientiae circumquaque vagando, cepit se ipsum conterere, HD 2,41*] Gl 3,408,18 [HD 2,41].

Abl. mulinâri.

Vgl. Heyne, Hausalt. 1,44f., 97f., 2,261ff., DRWb. 9,920ff.

mûlin *st. f., mhd.* mûlîn, -inne; *mnd.* mûlinne, *mnl.* mulinne. – *Graff II,720.*

mulin: *nom. sg.* Gl 3,79,53 (*SH A, 4 Hss., 2* -v-). 201,58 (*SH B*). 367,46 (*Jd*). 443,26 (*2 Hss., 1 Hs.* -v-). 504,17. Hbr. I,146,437 (*SH A;* -v-); **maülynn:** *dass.* Gl 3,79,54 (*SH A, 15. Jh.*).

Mauleselin: mvlin *mula* Gl 3,79,53. 201,58. 367,46. 443,26. 504,17. Hbr. I,146,437.

Vgl. mûl, mûlo.

mulinâri *st. m., mhd.* mülnære, -ner; *as.* mulineri, *mnd.* mōlenêr(e), *mnl.* molenare; *afries.* molener, molner, monler, mongler, moller; *an.* mylnari; *vgl. nhd.* müller; *aus mlat.* molinarius. – *Graff II,712 s. vv.* mulinari, mulnari.

mulinari: *nom. sg.* Gl 3,630,24; [**muleniron:** *dat. pl.* Wa 37,12 (*Freckh., Hs. M*);] **muln-ari:** *nom. sg.* Gl 3,629,13; **-ere:** *dass.* 184,29 (*SH B*); **můln-:** *dass.* ebda. (*SH B*).

Müller: můlnere *molendinarius* Gl 3,184,29 (*im Abschn. De principatibus et miliciis alisque personis*). mulnari *molinarius* 629,13 (*Hs. molianus*). 630,24. [van Aningeralo themo ammahte Vocko an Gronhurst ende Boio uan Teltingtharpa iro iahuethar enon scilling penningo then muleniron Wa 37,12].

Abl. molenerse *mfrk.*

Vgl. Heyne, Hausalt. 1,98. DRWb. 9,958 f.

mulin-, mulistein *st. m., mhd.* mülstein, *nhd.* mühlstein; *as.* mulinstên, *mnd.* mōlenstê(i)n, *mnl.* molensteen; *ae.* mylenstán; *an.* mylnusteinn (*vgl. Fritzner 2,759*). – *Graff VI,688 s. v.* mulisten.

Belege im Nom. Sing., wenn nicht anders angegeben.

mulin-steinon: *dat. pl.* Gl 2,712,27; **-sten:** 241,3 (*Carlsr. S. Petri, 11. Jh.*) = Wa 81,13/14; **mulen-stein:** 3,167,30 (*SH A;* -ste[i]n); **můlin-:** 213,1 (*SH B*).

muli-stein: Gl 3,167,6 (*SH A*); **mule-:** Npw 39,13; **můle-stain:** Gl 3,167,30 (*SH A*); **mul-stein:** 5 (*SH A, 2 Hss., 1 Hs.* -v-); **-stain:** 6 (*SH A*). 630,26 (*2 Hss., 1 Hs.* -staī); **můl-stein:** Hbr. I,368,374 (*SH A*).

Mühlstein: mola asinaria. mola asinę mulinsten [*zu: qui scandalizaverit unum de pusillis istis ... expedit ei ut suspendatur*] *mola asinaria* [*in collo eius, et demergatur in profundum maris, Greg., Cura 1,2 p. 4 = Matth. 18,6*] Gl 2,241,3 = Wa 81,13/14. mulinsteinon [*omniaque arma advocat et ramis vastisque*] *molaribus* (*vgl. asperrimis saxis, non unde molae fiunt, Serv.*) [*instat, Verg., A. VIII,250*] 712,27. mulstein *molaris* 3,167,5 (*im Abschn. De molendino*). 213,1 (*im Abschn. De molendino*). 630,26. Hbr. I,368,374 (*im Abschn. De molendino*). der die houbethaften sundi ne tuot ... der uuirt beuuorfen samoso mit demo grieze, doh in der mulestein nedruche (Npgl der uuirt peuuorfen harena . doh in moles (purdi) neirdrucche) Npw 39,13 (Np *moles*).

Vgl. Heyne, Hausalt. 1,44 f., 97 f., 2,261 ff., DRWb. 9,947.

? fir-**mulinussi** *st. n.; vgl. Splett, Ahd. Wb. I,2,588 s. v.* firmulnussi (*?*), *aber auch As. Hwb. S. 281 s. v.* farmulinuss(ia) *st. n. f.; nach Schreiber, Glossen S. 218 ahd.*

Verschrieben: **far-mulimus:** *dat. sg.?* Gl 1,296,39 (*Paris Lat. 2685, 9. Jh.; l.* farmulinussi (*?*), *Steinm.*).

Dreschen (?): in farmul*inussi* [*interfecerat enim eos rex Syriae, et redegerat quasi pulverem*] *in tritura* [*areae, 4. Reg. 13,7*].

muliscuttila *st. sw. f.; vgl. mhd.* mülschütel *st. m.* – *Graff VI,427 s. v.* mulischiutele.

muli-schivtele: *nom. sg.* Gl 3,630,27 (*Wien 804, 12. Jh.*); **mule-scivtele:** *dass.* ebda. (*Würzb. Mp. th. 4° 60, Gll. 13. Jh.?*); *zu* -iu- *vgl. Braune, Ahd. Gr.[15] § 32 Anm. 5.*

Beutelsieb (*Tuch zum Reinigen des Mehles von der Kleie durch Schütteln*)*:* mulischivtele ł rennele *taratantara* (*vgl. Duc. 8,31[a]*) (*davor* mulstain *molaris*).

Vgl. Heyne, Hausalt. 2,262 u. Anm. 13.

mulistein *s.* mulinstein.

mullen *sw. v., mhd.* müllen, müln, *nhd.* (*älter*) mühlen, *dial. schweiz.* mulle[n] *Schweiz. Id. 4,184, bair.* müllen *Schm. 1,1590 f., rhein.* mullen, müllen *Rhein. Wb. 5,1380; mnl.* molen; *an.* mylja. – *Graff II,711.*

mull-: *1. pl.* **-emes** Gl 1,217,21 (*Ra*); *part. prs. nom. sg. m.* **-ent** 361,6 (*M*); **mul-:** *2. sg.* **-is** H 24,9,2; *3. sg.* **-it** Beitr. 73,220,17 (*nach* Gl 4,157,20*; Sal. c*); *inf.* **-en** Np 73,14; *part. prs.* **-inde** Npgl 44,8; *3. sg. prt.* **-ita** Gl 1,293,52 (*Jb-Rd*); **ke-:** *part. prt.* **-et** Np 63,2; *dat. sg. n.* **-itemo** 33,19; *acc. sg. n.* **-etez** 50,19; **ge-:** *dat. sg. n.* **-itemo** Npw 33,19; *acc. sg. n.* **-itez** 39,8; **-etez** 50,19. – **muillen:** *inf.* S 96,38 (*vgl.* Schützeichel, Codex S. 68,73*; Georgsl.; zu* -ui- *vgl. Braune, Ahd. Gr.[15] § 32 Anm. 5*).

mulit Gl 1,606,15 *s.* multen.

1) *etw. zerreiben, zermahlen, mit Akk.:* vuanda ueri Israhelite (die uuarin gotes anesehin) . diabolum (*sc. das Goldene Kalb*) smelzen suln unde mulen . unde fertiligon [*vgl. tamen ipsum caput vituli in ignem misit et exterminavit, comminuit, in aquam sparsit, et dedit populo bibere, Aug., En.*] Np 73,14; *als Foltermethode:* do ihez er Gorion fhaen ... man geihezen (*Ausg.* gehiez en) muillen, ze puluer al uerpernnen S 96,38 (*vgl.* Schützeichel, Codex S. 68,73); – *Glosse:* mulita [*circuibatque populus, et colligens illud, frangebat mola, sive*] *terebat* [*in mortario, coquens in olla, et faciens ex eo tortulas saporis quasi panis oleati, Num. 11,8*] Gl 1,293,52.

2) *etw., jmdn. vernichten, mit Akk.:* thu fientes hentriskes chrefti thuruh chruci todes mulis *tu hostis antiqui vires per crucem mortis conteris* H 24,9,2; – *Glosse:* mullenter [*percutiens eos* (*die Israeliten*) *atque*] *concidens* [*, persecutus est eos usque Horma, Num. 14,45*] Gl 1,361,6.

3) *jmdn.* (*auch jmds. Mut*) *niederdrücken, bedrängen, mit Akk.:* kehore got min gebet . danne ih kemulet uuerde in persecutione (in ahtungo) *exaudi deus orationem meam dum tribulor* Np 63,2. si (kerta) ist inflexibilis (unbouglich) . uuanda si ferrea (isinin) ist . unde einen regens (rihtinde) . anderen conterens (fermulende) . regens spiritales (rihtinde geisliche) . *conterens* carnales (mulinde fleisliche) Npgl 44,8 (Npw zebrichet); – *im Part. Praet.: niedergedrückt, zerknirscht:* truhten ist dien nahe . die mit kemulitemo herzen sint . unde gehaltet er . die nidere sint . in iro muote *iuxta est dominus . his qui tribulato sunt corde . et humiles spriritu salvabit* NpNpw 33,19. kemuletez herza unde genidertez . nefersihest du got *cor contritum et humiliatum deus non despicies* 50,19; *ferner:* Npw 39,8 (Np 7 *cor contritum;* Npgl 7 fermulet herza).

4) *Glossenwort:* ni mullemes *non conlidimur non constrangimur* Gl 1,217,21 (*K* firmullen). *quatit* mulit *percutit* Beitr. 73,220,17 (*nach* Gl 4,157,20).

Abl. mulli.

Vgl. malan, multen.

fir-**mullen** *sw. v., mhd.* vermüln; *mnl.* vermolen. – *Graff II,711 f.*

far-mull-: *inf.* **-en** Gl 1,389,6 (*Ja*); **fir-:** *1. pl.* **-umes** 217,21 (*K*); **far-mul-:** *3. sg. prt.* **-ita** 388,11 (*Rb*); *part. prt.* **-it** 32,16 (*PaK*). 62,21 (*Pa; auf Rasur, Steinm.*). 114,18 (*Ra; bei Raven 1,314 fälschlich 3. sg.*). 115,18 (*R; bei Raven a. a. O. fälschlich 3. sg.*). 2,299,38 (*M*); *nom. sg. n.* **-itaz** S 296,10 (*alem. Ps.*); *acc. sg. f.* **-ita** 276,3 (*B*); **fir-:** *3. sg. prt.* **-ita** Npw Cant. Ez. 13; *part. prt.* **-it** Gl 1,62,21 (*K*). 114,18 (*K; bei Raven a. a. O. fälschlich 3. sg.*). 2,208,55. 209,55. Npw 123,7; *nom. sg. m.* **-iter** Gl 1,370,33 (*M, 4 Hss., 2* -ī); **-ter** 34 (*M, 3 Hss., 1 Hs.* -ī); *dat. sg. n.* **-itimo** Npgl 95,8; *acc. sg. f.* **-ita** S 276,3 (*B*); **fer-mul-:** *1. sg.* **-o** Np 17,43; **-e** Np*X* ebda. (= *S.* VI,9*;* v[s]mv-). Npw ebda.; *3. sg.* **-et** NpNpw 45,10. 109,5 (Npw uer-). Np 57,7. Npw 109,5; *2. sg. imp.* **-e** NpNpw 9,Diaps. 15 (= Npw 9,40); *part. prs.* **-ende** Npgl 44,8; *nom. sg. f.* **-entiu** Npw ebda.; *2. sg. prt.* **-etost** Np 3,8; **-tost** Npw ebda. (uer-); *3. sg. prt.* **-ita** Np Cant. Ez. 13; **-eta** 104,33 (*Hs. R = S.* XXXI,19). Npw ebda.; *part. prt.* **-et** NpNpw 36,17. Np 73,13. 123,7. Npgl 39,7. 50,19; *acc. pl. m.* **-ite** Nc 703,10 [18,13].

Verschrieben (?): **far-molit:** *part. prt.* Gl 1,114,18 (*Pa;* -o- *statt* u *wohl unter Einfluß des lat. Lemmas, vgl. Splett, Stud. S. 179; bei Raven a. a. O. fälschlich 3. sg.*); **fer-smulentiu:** *part. prs. nom. sg. f.* Npw 44,8.

1) *etw. zermalmen (auch bildl.), mit Akk.:* dero sundigon zene fermuletost tu . daz chit . iro hinderosprachon ferzare du *dentes peccatorum contrivisti* NpNpw 3,8, *ähnl.* Np 57,7 (*conterere*). ih fermulo sie . also daz stuppe . daz fore demo uuinde feret *comminuam eos ut pulverem ante faciem venti* NpNpw 17,43; *ferner:* 109,5 (Np *conterere*). Npw ebda.; – *im Part. Praet.: morsch:* in sumelichen (*Tempeln*) ... funden sie ... fore alti fermulite astericha *crepidasque situ murcidas . i. marcidas praesagiorum ... repererunt* Nc 703,10 [18,13].

2) *etw. in Stücke schlagen, reißen, etw. zerstören, mit Akk.:* kehucke rorriun kescutita nalles farmulita *meminerit ... calamum quassatum non conterendum* S 276,3. sela unseriu. soso sparo kecriftiu ist fona seide uueidenontero seid farmulitaz ist. inti uuer erlosta pirumes *anima nostra sicut passer erepta est de laqueo venantium. laqueus contritus est et nos liberati sumus, Ps. 123,7*] 296,10. daz scinet darana . uuanda die arma dero sundigon fermulet uuerdent . aber die rehten sterchet (Npw gesterchet) got *quoniam brachia peccatorum conterentur . confirmat autem iustos dominus* NpNpw 36,17, *ähnl.* 9,Diaps. 15 (= Npw 9,40; Np *conterere*). den bogen fermulet er (*Gott*) . unde diu uuafen ferbrichet er *arcum conteret et confringet arma* 45,10. daz uueter sluog uuinegarten unde fighpouma . unde uermuleta boumelich dar in lande *percussit vineas eorum . et ficulneas eorum . et contrivit lignum finium eorum* 104,33. also leo fermulita suht alliu miniu bein *quasi leo . sic contrivit omnia ossa mea* Cant. Ez. 13; *ferner:* 123,7 (Np *conterere*); – *Glosse:* farmullen [*ingressusque est Gedeon, et trecenti viri ... coeperunt buccinis clangere, et*] *complodere* (*Hs. con-*) [*inter se lagenas, Jud. 7,19*] Gl 1,389,6 (*Vok.-Übers. statt kontextgerecht 'aneinanderschlagen'*). farmulit vuirt [*profecto ille* (*der Geist Christi*)*, qui facit amicos et inimicos diligi ... pro caelestibus aestuari, carnem propter vitia*] *conteri* (*am Rande, von anderer Hand*) [*, mentem a concupiscentiis frenari, Greg., Hom. II,24 p. 1545*] 2,299,38.

3) *jmdn. schlagen, verletzen:* firmuliter [*ita dumtaxat, ut quadragenarium numerum non excedant: ne foede*] *laceratus* [*ante oculos tuos abeat frater tuus, Deut. 25,3*] Gl 1,370,33. farmulita [*tulit ergo seniores civitatis et spinas deserti ac tribulos, et*] *contrivit* [*cum eis, atque comminuit viros Soccoth, Jud. 8,16*] 388,11.

4) *etw. vernichten, mit Akk.:* do forebildotost du (got) disa toufi dero gentium . mit dero sie nu uuerdent irloset a diabolo ... so ... habest du fermulet superbias demonum (ubermuoti dero tiefelo) [*vgl. confracta est superbia diabolica, Aug., En.*] Np 73,13.

5) *jmdn.* (*auch jmds. Mut*) *niederdrücken, mit Akk.:* si (kerta) ist inflexibilis (unbouglich) . uuanda si ferrea (isinin) ist . unde einen regens (rihtinde) . anderen conterens (fermulende) . regens spiritales (rihtinde geisliche) . conterens carnales (mulinde fleisliche) NpglNpw 44,8 (Npw einen rihtentiu, anderen fersmulentiu); *im Part. Praet.: niedergedrückt, zerknirscht:* firmulit uuirdit [*ut dum cor ex memoria infirmitatis*] *atteritur* [*, apud humilitatis auctorem robustius in virtute solidetur, Greg., Cura 4 p. 102*] Gl 2,208,55. 209,55. du uuile nu cor contritum et humiliatum (fermulet herza unde gediemuot herza) Npgl 39,7 (Npw 8 gemulitez herze), *ähnl.* 50,19 (Np *cor contritum;* Npw gemuletez herza). choment mit lacrimis (trahinin) . unde mit corde contrito (firmulitimo herzin) in sine houa . die ze sinemo hus leitent 95,8.

6) *Glossenwort:* farthrosgan farmulit *attritus diminutus* Gl 1,32,16. farmulit kahrorto uunta *contritio mota plaga* 62,21 (*Ra* firmulida*; zur Wiedergabe lat. Subst. durch ahd. Part. Praet. vgl. v. Guericke S. 71*). farmolit castrutit *demolitur exterminatur* 114,18 (*zur Glossierung vgl. Splett, Stud. S. 179*). 115,18. ni firmullumes *non conlidimur* 217,21 (*Ra* mullen).

Abl. firmulida, ?firmulinussi.

Vgl. firmalan.

[SEEGER]

mulli *st. n., nhd.* müll *m., dial. schweiz.* mull *n. Schweiz. Id. 4,184; mnd.* mül *n., mnl.* mul *n.; ae.* myl; *vgl. an.* moli *m.*

mulli: *nom. sg.* Gl 3,507,16 (*Mülinensche Rolle, Gll. 11./12. Jh.?*).

Abfall, Schutt: quisquilium (*zur Bed. vgl. Georges, Handwb.*[11] *2,2176 s. v. quisquiliae*).

gi-**mulli** *st. n., mhd.* gemülle, -mül, *frühnhd.* gemülle, gemul, *nhd. dial. schweiz.* g'müll *Schweiz. Id. 4,184, rhein.* gemülle *Rhein. Wb. 5,1379 f.; mnd.* gemül(le), *mnl.* gemulle. – *Graff II,712.*

ga-mulli: *nom. sg.* Gl 4,229,44 (*clm 14456, Gll. 9. Jh.?*).

Abfall, Schutt: ruder.

mulo Gl 1,703,12 *s.* innŏvili.

mûlo *sw. m., mhd.* mûle; *mnd.* mûle *m. f., mnl.* mule *m. f.; aus lat.* mulus.

mvle: *nom. sg.* Gl 3,356,6 (*Wien 901, Gll. 12. Jh.*).

Maulesel, -tier: mulus.

Vgl. mûl, mûlin.

[? **mulsteri** *as. st.* (*m. n.?*) *oder* **mulstra** *as. st. f.?* (*vgl. As. Hwb. S. 281*), *mnl.* molster; *nhd. dial. westfäl.* mulster *Woeste S. 180; zur Bildg. neben* molchtere *mfrk. st. m. vgl. Frings, Germ. Rom. II,327 f. u. ders., Beitr. 82* (*Sonderband*)*, 388 ff.*

mulstere: *nom. sg.* Gl 3,717,58 (*Berl. Lat. fol. 735, 12. Jh.; nach Steinm. Verschr. für* multere, *vgl. Anm.*); *anders Gl.-Wortsch. 6,448 s. v.* multere *st. m.*

Mahllohn, Lohn des Müllers: emolumentum; davor quirensten *mola.*

Vgl. molchtere *mfrk.*]

multa *s.* melta.

multa *s.* muolta.

multa Gl 4,101,17 *s.* molta[2].

multen *sw. v. nhd. dial. rhein.* mülten *s. vv.* mullen, müllen *u.* molten *Rhein. Wb. 5,1380. 1392 u. 1249; vgl. ae.* myldan, *an.* mylda (*in anderer Bed.*). – *Graff II,713 s. v.* multjan.

multit: *3. sg.* Gl 1,606,14 (*M, 5 Hss., 10.–13. Jh.*).

moltist: *2. sg.* Gl 2,679,68 (*Schlettst., 12. Jh.; zu* -o- *neben* -u- *vgl. Schatz, Ahd. Gr. § 13*).

Hierher wohl auch, verschr. (*?*)*:* **mulit:** *3. sg.* Gl 1,606,15 (*M, 4 Hss.; so auch Raven 1,131 s. v.* multen*; vgl. Parallelhss.*).

1) (*die Erde*) *auflockern:* multit [*numquid tota die arabit arans ut serat, proscindet et*] *sarriet* (*1 Hs. sariet*) [*humum suam? Is. 28,24*] Gl 1,606,14.

2) (*Unkraut*) *jäten, weghacken:* moltist [*nisi et adsiduis herbam*] *insectabere* (*Hs. insertabere; vgl. pro insectatus fueris, Serv.*) [*rastris, Verg., G. I,155*] Gl 2,679,68.

Vgl. mullen, malan.

multer, mult(e)ra *s.* muolt(e)ra.

multm̃ Gl 4,180,36 *s.* muolta.

multra *s.* muolt(e)ra.

multwelf, multwerp Gl 3,445,46. 2,365,22 *s.* moltuuerf.

multw°rm Gl 3,56,3 *s.* moltuuurm.

muluelph, muluer, muluuer *s.* mûuuerf.

mûluuerf *s.* mûuuerf.

muluuerp, mulwef, mulwerp *s.* mûuuerf.

mulzgewete Gl 1,596,43 *s.* mûzgiuuâti.

mun Mayer, Glossen S. 57,18 *s.* neman.

mun Mayer, Glossen S. 61,6 *s.* lîhhamo.

[**munan** *as. prt.-prs.*; *ae.* munan; *an.* muna; *got.* munan.

munin: *2. pl. conj.* Gl 4,302,21 = Wa 59,35 (*Ess. Ev.*).

Verstümmelt: **mu:in:** *2. pl. conj.* Gl 4,302,38 = Wa 60,9 (*Ess. Ev., Rasur von* -g-, -i- *aus* u *rad.; l.* munin).

beurteilen, mit Akk.: the gi hina munin *nolite iudicare secundum faciem* [*, sed iustum iudicium iudicate, Joh. 7,24*] Gl 4,302,21 = Wa 59,35 (*zum lat. Lemma vgl. in ders. Hs. auch as.* fardômian). uuiht (*l.* uuith) thiu the gi ina mu*n*in *vos secundum carnem iudicatis* [*: ego non iudico quemquam, Joh. 8,15*] 38 = Wa 60,9.

Vgl. farmunnian *as.*]

munboron Gl 2,19,28 *s.* muntboro.

mund *st. m., mhd.* munt, *nhd.* mund; *as.* mūth, *mnd.* munt *m. f.*, *mnl.* mont, mond *m. f.*; *afries.* mūth, mund, mond; *ae.* múþ; *an.* munnr, muđr; *got.* munþs. – *Graff II,811.*

munt: *nom. sg.* Gl 1,158,25. 234,3 (*beide K*). 2,28,12. 3,52,20 (-ū-). 70,48 (*SH A, 5 Hss., 2* -v-, *1 Hs.* -ū-). 177,60 (*SH B*). 225,20 (*SH a2, 3 Hss., 1 Hs.* -v-). 267,11 (*SH b*). 295,21 (*SH d*). 329,64 (*SH g*). 362,37 (*Jd*). 391,43 (*Hildeg.*). 438,57 (-v-). 505,33 (*Mülinensche Rolle, Gll. 11./12. Jh.?*). 661,40. 4,41,16 (*Sal. a1, 2 Hss.*). Hbr. I,127,161 (*SH A;* -v-). II,196,136 = Zbl., Beiheft 86,239 (*SH e; nach* Gl 3,312,34). Meineke, Ahd. S. 27,76 (*Sal. a1;* -v-). Meineke, Liber gloss. S. 32,19 (*SH*). Thies, Kölner Hs. S. 160,19 (*SH;* -ū-). 176,23 (*SH;* -ū-). Pw 62,6. 12. 65,14. 70,8. 15. Nb 128,7 [110,22]. Nc 829,10 [149,11]. NpNpw 9,Diaps. 7 (= Npw 9,30). 13,3. 16,10. 36,30. 48,4 (2). 49,19. 50,17. 108,2. 125,2. 143,8. 144,21. Cant. Annae 1. Np 62,12. 65,14. 70,8. 15. Npw 108,2; *acc. sg.* Gl 1,170,5 (*K*). Siewert, Horazgl. S. 232,26. S 126,50. 131,115 (*beide Phys.*). Pw 68,16. 72,9. Nc 763,14. 803,13 [79,15. 122,2]. Nl 595,11 [194,2]. NpNpw 5,2. 34,21. 38,10. 39,4. 43,25. 49,16. 106,42. 113,7'. 118 R,131. 125,2. 134,17. NpglNpw 103,14. Np 72,9. 77,2. 80,11. Npw 118 N,100; **mònt:** *nom. sg.* Gl 3,329,64 (*SH g, 2 Hss.*). – **mund:** *nom. sg.* Gl 1,158,25 (*Pa*). 218,3 (*KRa; lat. abl.*). 3,3,58 (*Voc.*). 70,49 (*SH A*). 432,37 (*clm 14754, 9. Jh., Fulda C 11, 15. Jh.*). 434,18 (*Schlettst., 12. Jh.*). 4,41,15 (*Sal. a1, 6 Hss.*). 133,39 (*Sal. c*). Mayer, Glossen S. 21,22 (*Darmst. 739, Gll. 9. u. 10. Jh.*). S 294,3 (*alem. Ps.*). 301,16 (*rhfrk. Ps.*). T 4,12. 41,6. 62,10. O 1,9,29. 3,6,23; *gen. sg.* **-]es** Gl 4,369,36 (-ū-). S 302,23 (*rhfrk. Ps.*). I 15,3. 7/8. Nb 226,26 [183,4]. NpNpw 35,4. 38,2. 104,5. Np 53,4. 77,1. 118 B,13. L,88. O,108. 137,1. 4. 139,10. Cant. Deut. 1. Npgl 82,3. W 1,1. 123,1 [45,2/3. 221,17]; **-]is** Pw 18,15. 58,13. Np 58,13. Npgl 73,16. Npw 118 B,13. L,88. O,108. 137,1. 4. 139,10. Cant. Deut. 1; *dat. sg.* **-]e** Gl 2,638,12. S 131,129 (*Phys.*). 148,1. 162,24. 204,24 (*B*). 208,14 (*B*). 27 (*B*). 359,87. I 3,22. H 7,3,2. T 15,3. 84,6. 8. 93,3. 98,2. 117,4. 145,13. 151,8. 191,2. O 2,4,50. 3,6,36. 7,74. Pw 57,7. 58,8. 61,5. [Pk 33,2 (*vgl.* Mischtexte S. 437).] Nb 25,4. 13. 65,18 [20,19. 27. 55,8]. Nc 806,3. 807,7. 809,17 [124,21. 126,2. 128,12]. NpNpw 2,4. 5,10 (2). 8,3. 33,9. 36,30. 37,15. 39,10. 48,14. 108,30. 118 B,13 (*2. Stelle*). F,44. I,72 (2). N,103. V,161. 134,17. 140,3. 149,3. Cant. Annae 3. Cant. Zach. 70. NpglNpw 43,25. 108,30. Np 5,10. 11,3. 21,22. 39,6. 51,4. 57,7 (2). 58,8. 65,17. 69,6. 77,31. 85,16. 88,2. 118 F,43. Npw 118 N,100; **-]i** Pw 65,17. Npw 5,11. 21,22. 39,6; **-]** S 344,8 (*S. Galler Gl. u. B. II, 11./12. Jh.; zum Sandhi vgl. Steinm. z. St.*); *acc. sg.* **-]** Gl 1,164,4 (*PaKRa*). 165,4 (*R*). 170,5 (*Pa*). AJPh. 55,232 (*clm 6272, Hs. 9. Jh.*). S 199,18. 205,18. 209,17 (*alle B*). T 4,15. 22,7. 74,3. 84,6. 8. 145,8. O 1,2,3. 2,6,25. 15,19. 3,6,24; *nom. pl.* **-]a** Gl 2,707,62 (*Paris 9344, Gll. 10./11. u. 11. Jh.*). 5,517,3 (*Gespr.*); *dat. pl.* **-]um** I 25,6/7; *acc. pl.* **-]a** S 171,9. H 25,8,4 (*s.* I 3a). – **munth:** *nom. sg.* F 6,18; *dat. sg.* **-]e** Gl 1,241,28 (*K*). – [**muthe:** *dat. sg.* Wa 11,4 = 15,23 (*as. Ps.*)].

Verschrieben: **mûter:** *nom. sg.* Gl 4,41,17 (*Sal. a1, Prag, mus. Bohem., 13. Jh.; wohl fälschlich aus urspr.* mūt (*l.* munt) *mit von* u *auf* t *gerutschtem Nasalstrich, vgl. Steinm., handschriftl.*); **manx:** *nom. sg.* Tiefenbach, Aratorgl. S. 19, 18 (*l.* manu, *verschr. für* munt, *vgl. Tiefenbach, Anm. z. St.*).

[*Verstümmelt:* **m.t.:** *dat. sg.* Wa 10,22 = 15,19 (*as. Ps.; l.* muthe); **mut:** *gen. sg.* 6,14/7,1 = 13,13/14 (*as. Ps.; l.* muthes)].

I. *Mund als Körperteil bei Lebewesen, häufig bildl.-allegorisch:*

1) *Teil des Gesichts, Lippen:*

a) *vom Menschen:* (*Anruf Otfrids an Gott:*) fingar thinan dua anan mund minan O 1,2,3. Philosophia ... kesang . mit zimigi des analuttes . unde mit zuhtigi des mundes *servata dignitate vultus et gravitate oris* Nb 226,26 [183,4]. ein ... chint . kebot stilli mit sinemo chetefingere uber den munt kelegetemo *redimitus puer ad os compresso digito salutari* Nc 763,14 [79,15]. tero (*der drei Grazien*) einiu chusta sia (*die Philologia*) an demo underbrauue . anderiu chusta sia an den munt . tiu dritta an die bruste *alia os eius . tertia pectus apprehendit* [*vgl. osculata est frontem eius, Rem.*] 803,13 [122,2]. nals taz got mit munde unde mit nasun deheinen huoh tue [*vgl. quasi aut buccis deus irrideat, aut naso subsannet, Aug., En.*] NpNpw 2,4. cusser mih mit demo cusse sines mundes *osculetur me osculo oris sui* [*Cant. 1,1*] W 1,1 [45,2/3]; – *metonym.: Gesicht* (*?*)*:* munt *ora* [*manusque tua lavimus, Feronia, lympha, Hor., Sem. I,5,24*] Siewert, Horazgl. S. 232,26;

b) *vom Tier: Maul:* ar munde [*hinc vel ad Elei metas et maxima campi sudabit spatia et spurnas aget*] *ore* [*cruentas, Belgica vel molli melius feret esseda collo, Verg., G. III,203*] Gl 2,638,12. mund [*per hoc mandatum iubemur, ut bovi trituranti*] *os* [*non claudamus et dignus sit operarius mercede sua, PL 26,106,36*] AJPh. 55,232 (*vgl.* 2). obdvrabis os bovi tritvranti (nieht neferbint den munt demo in drasc cantin rinde) Npgl 103,14 (Npw munt des tresgenten ohsen); – *Schnabel:* aber skein darana (*auf dem Täfelchen mit dem Ibis*) ein scone houbet. unde an demo ein scone munt. sament temo flugescuhe Mercurii *cum petaso vertex atque os pulcherrimum videbatur* [*vgl. pulcherrimum os. i. rostrum, Rem.*] Nc 829,10 [149,11];

c) *Glossenwort:* upar (*Pa*, umbi *KRa*) mund *super buccas* Gl 1,164,4 (*zur Wiedergabe von lat. bucca 'Wange' gegen den Gl.-Zushg. vgl. Splett, Stud. S. 238; vgl. noch Mlat. Wb. II,1598f.*). 165,4. mund antlutti edho kakanuuirti *ore vultu vel facie* 218,3 (*vgl. Splett a. a. O. S. 312*). munthe *ore* 241,28 (*zur Entstellung von lat. ore aus more, vgl. Splett a. a. O. S. 354*). mund *os* 3,3,58. 362,37. 432,37. 434,18. 438,57. 505,33. *bucca* 52,20. 225,20. 267,11. 4,41,15. 133,39. 5,517,3. Meineke, Ahd. S. 27,76. Thies, Kölner Hs. S. 160,19. *os vel bucca* Gl 3,177,60. 661,40. *bucca os* 295,21. 329,64. Hbr. II,196,136. Meineke, Liber gloss. S. 32,19. Zbl., Beiheft 86,239 (*nach* Gl 3,312,34). munt *moniz os* Gl 3,391,43. mund [*a tertiae quoque declinationis nominibus supra dictis ... fiunt derivationes verborum per singulas terminationes ... in os,*] *os* [*oris oro oras, ros roris roro roras, dos dotis doto dotas, Eut., Ars 458,30*] Mayer, Glossen S. 21,22.

2) *Mundöffnung, -höhle* (*vgl. auch* 3)*:*

a) *vom Menschen, auch von Gott:* munda [*tum creber anhelitus artus aridaque*] *ora* [*quatit, sudor fluit undique rivis, Verg., A. V,200*] Gl 2,707,62. munt *os quod sit ostium corporis vel bucca* [*Hbr. I,127,16*] 3,70,48. Hbr. I,127,161. stinkante mundes [*de sublingua duas propter reuma gingivarum vel*] *vicia oris* [*Aderlaßtext S. 170*] Gl 4,369,36. al daz in mund inget, in uuamba uerit inti in uzgang uuirdit gisentit; thiu dar framgangent fon themo munde, fon themo herzen uzgangent, inti thiu unsubrent man *omne quod in os intrat in ventrem vadit et in secessum emittitur; quae autem procedunt de ore, de corde exeunt, et ea coinquinant hominem* T 84,8. zi wewen ward uns iz kund, thaz er (*Adam*) nan (*den Apfel*) scoub in sinan mund O 2,6,25. indet er (*Jesus*) tho then sinan mund ... tharinne lag ... dreso diurista [*vgl. aperiens os suum, Matth. 5,2*] 15,19 (*vgl.* 3). ther liut zi thiu gisizze, thaz iagilichen thanne thoh foller mund werde, then mund zi thiu irrechen, thes brotes wiht gismeken 3,6,23. 24. iz (*das Brot*) wuahs ... in munde ioh in henti [*vgl. edentium sub dentibus in ore crescebat cibus, Hymn. de epiphania domini*] 36. taz honang ist ouh teste suozera. ube der munt pefore ieht pitteres kechorota *labor apium mage dulcior est. si malus sapor prius ora edat* Nb 128,7 [110,22]. tar mahtist tu sehen ... uuio manigero sprachon scrifte uzer iro (*der Philologia*) munde fuoren *cernere erat ... quot linguarum opera ex ore virginis defluebant* Nc 806,3 [124,21] (*zur sog. Vomierszene, bei der die Philologia alles Sterbliche von sich geben muss, vgl. Zekl, Hochzeit S. 24*). noh tu nemaht nieht follen munt haben melues unde doh blasen Nl 595,11 [194,2]. choront sinero (*des Herren*) suozi ... nals uuio suoze er si. demo munde. nube dero selo. diu dannan inphahet also er gehiez uitam ęternam NpNpw 33,9. si (ecclesia) habet munt in sanctis. unde buh an carnalibus [*vgl. ut os ecclesiae in sanctis sit ...; venter ecclesiae in carnalibus sit, Aug., En.*] 43,25 (*vgl.* 3). vuieo suozze minemo slunde diniu gechose sint. demo munde mines herzen sint siu suozzeren danne honang [*vgl. verum ori cordis, non carnis est dulcis, Aug., En.*] 118 N,103. noh atem neist in iro (*der Götzen*) munde 134,17. accepi librvm. et liber ipse dvlcis erat in ore meo. et amarvs in ventre meo (ih inphiench ein buoch daz uuas suozze in minemo munde. unde bittir in minemo buche) NpglNpw 43,25. got fermulet iro zene in iro munde *deus conteret dentes eorum in ore ipsorum* Np 57,7, *z. gl. St.* Pw 57,7. daz da in den munt get, daz ni unreinet nieht, suntir dazdir get uz demo munde Npw 118 N,100 (Np *os, ore*), *z. gl. St.* T 84,6. der stank dines mundes ist samo der suozon epfele *odor oris tui sicut malorum* [*Cant. 7,8*] W 123,1 [221,17]; *ferner:* O 3,7,74. Np 57,7 (*2. Stelle*). 77,31 (*os*); – *im christl.-theol. Bereich:* geist/âtum mundes, *zur Wiedergabe von lat. spiritus oris:* druhtines uuordu sindun himila chifestinode, endi sines mundes gheistu standit al iro (*der Himmel*) meghin ... in sines mundes gheiste instandemes chiuuisso heilegan gheist *verbo domini caeli firmati sunt et spiritu oris eius omnis virtus eorum ... in spiritu oris eius spiritum sanctum intellegimus* I 15,3. 7/8 (*vgl. Ahd. Wb. 4,186 s. v.* geist *'Atem, Hauch'*). quem (*Antichristum*) dominus Iesus interficiet spiritu oris sui (den truhten der haltendo irslahit mit sines mundes atime) Npgl 82,3 (*vgl. Ahd. Wb. 1,692 s. v.* âtum 2);

b) *vom Tier: Maul:* idris ... sprinet imo (*dem Krokodil*) in den munt unde sliuffet in in *insiliet in os corcodrilli* S 126,50. zelet Phisiologus, so siu (uipera) suanger uuerdan scule, daz er (*das männliche Tier*) sinen munt duoge in den iro: so verslindet siu daz semen *quando coitum facit, masculus infert os eius in feminam, et illa degluciens semen* 131,115. uar zi themo seuue inti uuirf thinan angul, inti then fisg thie dar erist ufquimit nim, inti giofnotomo sinemo (*sc. des Fisches*) munde fintis scaz *vade ad mare et mitte hamum, et eum piscem qui primus ascenderit tolle, et aperto ore eius invenies staterem* T 93,3. halt mih unde nim mih fone des tieueles munde *salva me ex ore leonis* [*vgl. de ore leonis, de potestate diaboli dicit, Cass.*] NpNpw 21,22. negab er (*Christus*) imo (*dem Kaiser*) selbo zins. uzer fiskes munde genomenen? [*vgl. de ore piscis, Aug., En.*] 118 V,161;

c) *Glossenwort:* intluhhante intoante *os aperientes* Gl 1,170,5.

3) *Sprechwerkzeug des Menschen oder Gottes, redender Mund* (*vgl. auch* 2ab)*:*

a) *allgem.:* obe mir der munt uuola horti *o mihi si cursus facundior ora moveret* [*Ar. I,459*] Gl 2,28,12. Tiefenbach, Aratorgl. S. 19,18. Phinees os munt [*vgl. Phinees ori parcens vel os mutum, Hbr. II, 394,7*] Thies, Kölner Hs. S. 176,23. so uuir uuellen drinkan daz geistliche uuazzer, daz uns giscenket uuirt fone demo munde unserro euuarton S 131,129. der accharman der pizeichinet ... den heiligen Christ, der ... durh die munda dere lerari sait in dei herzi sinere holden die keistlichan lera [*vgl. significat autem sator iste Christum ... qui evangelii praedicationem ... in corde ... seminat per doctores, BH, Schmid II,20,28*] 171,9. huuanta du errahhos reht miniu indi zuanimis euua mina duruh mund dinan? *quare tu enarras iustitias meas et adsumis testamentum meum per os tuum?* 199,18. mund sinan fona ubileru edo abaheru sprahhu haltan *os suum a malo et pravo eloquio custodire* 205,18. satzta munde minemv kehaltida *posui ori meo custodiam* 208,27, *ähnl.* NpNpw 140,3 (*os*). fona solihheru sprahhv discun intluhhan mund ni farlazzamees *a* (*korr. zu ad von 3. Hand*) *talia eloquia discipulum aperire os non permittimus* S 209,17. zespret ist mund min uber uiende mine uuanda geurouuet bin in heili dinemo *dilatatum est os meum super inimicos meos quia laetata sum in salutari tuo* 301,16, *z. gl. St.* NpNpw Cant. Annae 1. gehora erda uuort mundes mines (*sc. Moses*) *audiat terra verba oris mei* S 302,23, *z. gl. St.* NpNpw Cant. Deut. 1. uuelt ir daz irfollen mittin (*l.* mit tin) werken, daz ir mitimund (*l.* mit tim, *vgl. dazu Steinm.*) gesprochen habent, sost iu offene mines trehttines genade S 344,8. ich begihe ... daz ich mich versundet han ... mit den ougen, mit den orin, mit dem munde 359,87. [that the salmsangas iro m*uthes* gihoride uuerthen fan gode *ut eius oris psalmodia a deo audiatur* [*Ps. 5,2*] Wa 6,14/7,1 = 13,13/14. thiu vuarhed nis an themo m*uthe* thero heretikero *in ore haereticorum non est veritas* [*ebda. 10*] 10,22 = 15,19 (*vgl.* b *u.* c),] *z. gl. St.* NpNpw 5,10 (2). fona dhemu (*Christus*) dhiz al in forasagono mundum dhea aldun aer langhe befora sungun *de quo haec omnia ore prophetarum praesaga cecinerunt* I 25,6/7. du (*Christus*) uuort fateres euuiges munde kotcunddemu kaporan *tu verbum patris aeterni ore divino editus* H 7,3,2. gioffonota sih tho sliumo sin (*des Zacharias*) mund inti sin zunga, inti sprah got uuihenti *apertum est autem ilico os eius et lingua eius, et loquebatur benedicens deum* F 4,12, *z. gl. St.* O 1,9,29. fona ganuhtsamemo sprihhit munth *ex abundantia enim cordis os loquitur* F 6,18, *ähnl.* T 41,6, 62,10 (*beide os*). so her sprah thuruh mund heilagero, thie fon uuerolti uuarun, sinero uuizagono *sicut locutus est per os sanctorum, qui a saeculo sunt, prophetarum eius* T 4,15, *z. gl. St.* NpNpw Cant. Zach. 70. iz ist giscriban, thaz in themo einen brote ni lebet thie man, uzouh fon iogiuuelihemo uuorte thaz thar framquimit fon gotes munde *scriptum est: non in solo pane vivit homo, sed in omni verbo quod procedit de ore dei* T 15,3. ih aroffonon in ratissun minan mund *aperiam in parabolis os meum* 74,3, *ähnl.* Np 77,2 (*os*). oba her (*dein Bruder*) thir ni hore, giholo mit thir noh thanna einan odo zuuene, thaz in munde zuueiero urcundono odo thriio giste iogilih uuort *si autem non te audierit, adhibe tecum adhuc unum vel duos, ut in ore duorum testium vel trium stet omne verbum* T 98,2. fon munde kindo inti sugentero thuruhfremitastu lob *ex ore infantium et lactantium perfecisti laudem* 117,4, *ähnl.* NpNpw 8,3 (*os*). thiu pruanta simo (*sc.* si imo) mera theru druhtines lera, thiu wort, thiu er irfinde fon themo gotes munde [*vgl. ... vivit homo ... in omni verbo qui procedit de ore dei, Matth. 4,4*] O 2,4,50. that gelicu*n* sulu*n* spraken mundis minis in gehugenisse hertin minis an gegenuuirdi thinro emiceio *ut complaceant eloquia oris mei et meditatio cordis mei in conspectu tuo semper* Pw 18,15. misdat mundis iro (*der Juden*) uuort *l*eporo iro in befangana uuerthin an ouirmuodi iro *delictum oris eorum sermonem labiorum ipsorum et comprehendantur in superbia sua* 58,13. uuanda bestuppot ist munt sprekendero unrehta *quia obstructum est os loquentium iniqua* 62,12, *z. gl. St.* Np 62,12. te *imo* mundi minin riep *ad ipsum ore meo clamavi* Pw 65,17, *z. gl. St.* Np 65,17. munt min cundon sal rehnussi thin *os meum adnuntiabit iustitiam tuam* Pw 70,15, *z. gl. St.* Np 70,15. sia satton an himele munt iro, in tunga iro liet (*Ausg. van Helten:* lief) an ertha *posuerunt in caelo os suum et lingua eorum transivit* (*Ausg. van Helten: deambulavit*) *in terra* Pw 72,9, *z. gl. St.* Np 72,9. [simlun lof is an munde minemu *semper laus eius in ore meo* Pk 33,2 (*vgl.* Mischtexte S. 437).] in des (*Redners*) munde findet man rhetoricam dulcedinem Nb 65,18 [55,8] (*vgl.* c). dero munt fluoches unde bitteri fol ist *quorum os maledictione et amaritudine plenum est* NpNpw 13,3. iro (*der Juden*) munt sprah mit ubermuoti . aue rex Iudeorum [*vgl. os eorum locutum est superbiam, Aug., En.*] 16,10. uuard ih also der ungehorendo man . vnde also irrefseda nehabende in sinemo munde *factus sum sicut homo non audiens et non habens in ore suo redargutiones* 37,15. so mir der sundigo uuidere uuas . so huota ih mines mundes *posui ori meo custodiam . cum consisteret peccator adversum me* 38,2. vnder solchen irstummeta ih . unde minen munt neindeta ih uf . uuanda du iz tate *obmutui et non aperui os meum quoniam tu fecisti* 10. gab er in minen munt . niuuuez sang . lobosang unsermo gote *inmisit in os meum canticum novum . ymnum* (Npw *carmen*) *deo nostro* 39,4. ih (*Christus*) chunta iz fore ... mit dero uuizzigon munde . unde sageta iz do selbo [*vgl. annuntiare est enim ventura praedicare, quod fecit ore prophetarum, Cass.*] 6. min munt kesaget iu uuer ih pin. Ih pin sapientia dei 48,4. unde ziu nimest du (*Sünder*) in munt min testamentum . uetus alde nouum? *quare tu* (*peccator*) ... *assumis testamentum meum per os tuum?* 49,16. truhten du induoest mine lefsa . unde min munt chundet din lob *domine labia mea aperies et os meum adnuntiabit laudem tuam* 50,17, *ähnl.* 144,21 (*os*). uuanda sundigis munt unde unchustigis indan ist uber mih *quia os peccatoris et dolosi super me apertum est* 108,2 (Npw des suntigen unde des losen munt), *z. gl. St.* S 294,3. gote ieho ih ... filo in minemo munde *confitebor domino nimis in ore meo . et in medio multorum laudabo eum* NpNpw 108,30. gentium gelihnisse ... habent munt . unde nesprechent *simulacra gentium ... os habent et non loquentur* 113,7', *ähnl.* 134,17 (*1. Stelle; os*). mit lefsen sageta ih alle die urteilda dines mundes. Die (urteilda) ih kelirneta fone dinemo munde . die lerta ih *in labiis meis pronuntiavi . omnia iudicia oris tui* 118 B,13. ube du minemo munde nenimest uerbum ueritatis . so behuot ih dina ea ieo [*vgl. si non abstuleris ex ore meo verbum veritatis, custodiam legem tuam semper, Aug., En.*] F,44. kuot ist mir fone dinemo munde chomeniu ea . unde mit dinemo munde geboteniu . bezera . danne unzalahafti goldes unde silberis *bonum mihi lex oris tui* I,72. chicche mih nah dinero genado . unde so behuoto ih dines mundes martyria . id est mandata *custodiam testimonia oris tui* L,88. opher mines mundes sin dir lieb . diu caritas recchet . nals timor [*vgl. bene autem intelleguntur oris voluntaria, sacrificia laudis, confessione caritatis, non timore necessitatis oblata, Aug., En.*] O,108. daz herza habet sinen munt unde sina zungun 125,2. iro mundes arbeit scirmet sie *labor labiorum ipsorum id est mendacium operiet eos* 139,10. die hende sin unmuozig . sament demo munde 149,3. altiu gechose firren sih fone iuuuermo munde ... uuanda got ist herro dero uuizzentheito *recedant vetera de ore vestro* Cant. Annae 3. tes (*des Antichrist*) munt foller ist ubelo sprechennis . uuanda er blasphemus ist . unde eiueri . uuanda er crudelia gebiutet . in seruos dei *cuius maledictione os plenum est . et amaritudine . et dolo* Np 9,Diaps. 7 (= Npw 9,30). fernim mit oron diu uuort mines mundes *auribus percipe verba oris mei* 53,4, *ähnl.* 77,1 (*os*). slah iro mundis missetate . slah daz uuort iro lefso [*vgl. illum* (*sermonem*) *occide, non ipsos, Aug., En.*] 58,13. min munt uuerde . irfullet mit lobe . daz er dina guollichi singe *repleatur os meum laude . ut cantet gloriam tuam* 70,8. die (carnalem intellectum habent) denchent an den sonum oris (lutun mundis) . daz iz uuort si Npgl 73,16. der offena munt pezeichenet dia skeltata dia er uone den doleta Npw 108,2; *hierher auch:* thih unsriu stimma erist lutte inti munda keltem thir *te nostra vox primum sonet, et ora solvamus tibi* H 25,8,4 (*dazu die Randgl.* inti stunta *in Wiedergabe von ora als lat.* (*h*)*ora, vgl. dazu Ebbinghaus, MLN 80,486; zu lat. vota statt* (*h*)*ora vgl. PL 16,1409*); *– ferner:* T 22,7 (*os*). 191,2 (*beide os*). Pw 58,8. 62,6. 65,14. 70,8 (*alle os*). Nb 25,13 [20,27] (*os*). Nc 807,7. 809,17 [126,2. 128,12] (*beide os*). NpNpw 34,21. 35,4. 48,4 (*1. Stelle*). 104,5. 106,42. 108,30. 118 R,131. 125,2 (*1. Stelle*). 137,1. 4. 143,8 (*alle os*). Np 65,14. 80,11 (*beide os*). 85,16. 88,2. 118 F,43 (*beide os*);

b) *für das Bekennen mit Worten neben u. gegenüber* herza *oder* muot *'innere Überzeugung':* munt – herza: mit herzen unde mit munde pringet fure die keuuarheit [*vgl. veritatem ex corde et ore proferre, Reg. S. Ben.*] S 162,24, *z. gl. St.* er herzin indi munde 204,24. ibu ... disco ... nalles einin munde, uzzan sosama in herzin ibu murmoloot *si ... discipulus ... non solum ore, sed etiam in corde si murmoraverit* 208,14. [vuan sia (*die Häretiker*) ne hebbed thia uuarhed an iro muthe. that is cristen. vuan sia ne hebbed (sia) an iro herton [*vgl. non habent Christum veritatem in ore suo, quia nec in corde habent, Hieron.*] Wa 11,4 = 15,23 (*vgl.* a *u.* c).] Christus auur sus quham fona fater ... so uuort fona munde, so uuisduom fona herzin *ut verbum ab ore, ut sapientia ex corde* I 3,22. munde iro quedidon in an hertin iro faruuieton *ore suo benedicebant et in corde suo maledicebant* Pw 61,5. mennischo gehoret den munt . du fernim daz herza [*vgl. quandoquidem vox corporalis auditur, spiritalis autem intellegitur, Aug., En.*] NpNpw 5,2. iro herza ist uppig. Vuie mag tenne uuar in iro munde sin? *quoniam non est in ore eorum veritas cor eorum uanum est* 10. din munt uuas fol . daz chit . din herza uuas fol ubeluuilligi *os tuum abundavit malitia* 49,19. got lobon ih ... in ore ecclesiae meae in cordibus multorum (in munde dero christanheite . in dero herzon manigi) NpglNpw 108,30; *ferner:* S 148,1. NpNpw 48,14 (*os*); – munt – muot: rehtes mannes munt . daz chit . sin muot . ahtot den uuistuom *os iusti meditabitur sapientiam* 36,30 (*zur Übers. vgl. Ahd. Wb. 1,83 s. v.* ahtôn *sw. v. 'pflegen'*). hier leret unsih Christus daz uns sin reht in muote si . nieht ein in munde 39,10. in (*den Juden*) uuas ander in muote . danne in munde [*vgl. in corde aliud est, et aliud loquitur, Brew.*] Np 11,3. sie sprechent daz danne in munde daz nu neist in muote *ecce ipsi loquentur in ore suo . et gladius in labiis eorum* [*vgl. loquentur plane tunc in ore suo quod nunc habere non merentur in corde, Cass.*] 58,8; *ferner:* NpNpw 36,30 (*2. Beleg*). Np 51,4. 69,6;

c) *metonym.:*

α) *Rede, Äußerung:* (*der Herr zu dem Knecht, der das Pfund nicht vermehrt hat:*) fon thinemo munde thih duomu, thu abuho scalc *de ore tuo te iudico, serve nequam* T 151,8. du funde dia reda . unde lertost sia mit Platonis munde *tu sanxisti . i. statuisti hanc sententiam ore Platonis* Nb 25,4 [20,19];

β) *Redebegabung:* ih gibu iu mund inti spahida, theru ni mugun uuidarstantan inti uuidarquaedan alle iuuuere uuidaruuerton *ego enim dabo vobis os et sapientiam* T 145,8.

II. *Öffnung an Gegenständen:* Philippus mund lehotfazzo *Filippus os lampadarum* Gl 1,158,26 (*vgl. Splett, Stud. S. 233*). 234,3. noh ne antluke ouir mi putte munt iro *neque urgeat* (*Laa.: contineat, operiat, aperiat, coarctet, vgl. Sab.*) *super me puteus os suum* Pw 68,16.

III. *Übers. für lat. os in der Bed. 'Schwertschneide'* (*vgl. Thes. IX,2,1092,24 ff.*): (*Schwangere und Stillende*) fallent in munde suertes inti uuerdent hafte geleitit in alla thiota *cadent in ore gladii et captivi ducentur in omnes gentes* T 145,13.

Komp. furimund; *Abl.* gimundi; munden, mundalôn, mundilen, mundazzen; *vgl.* mindil, ?kêrmund(i), kêrmundîg.

[Bulitta]

mund- *s. auch* munt-.

mundalôn, mundilen *sw. v.* (*zu den Ansätzen vgl. Riecke, jan-Verben S. 207 f., Splett, Ahd. Wb. I,2,636*). – *Graff II,812.*

mundal-: *inf.* **-on** Gl 1,120,16 (*Pa*); *part. prs. nom. sg.* **-onti** 14 (*Pa*).

mund-il-: *3. sg.* **-it** Gl 1,188,35 (*Ra*); *part. prs. nom. sg.* **-andi** 120,14 (*K; zu* -a *vgl. Braune, Ahd. Gr.*[15] *§ 309, Splett, Stud. S. 185*); *dass.* **-onti** ebda. (*Ra; aus* munlonti *durch nachträglich eingefügtes* di *korr.; zu* -o *vgl. Braune a. a. O. § 309, oder Form des* ôn-*Verbs, vgl. Splett a. a. O. S. 481 und s. u.*); **-ulit** *3. sg.* 188,35 (*Pa*); **muntilit** *dass.* ebda. (*K*). – *Verschrieben:* **munthilem:** *inf.* Gl 1,120,16 (*K; zu* -m *für* -n *vgl. Splett, Stud. S. 185*).

sprechen oder etw. aussprechen (*?*)*:* mundalonti sprehhanti *effectus* (*effatus Ra*) *locutus* Gl 1,120,14 (*zur Wiedergabe von lat. effectus u. zur formeninkongruenten Glossierung vgl. Splett, Stud. S. 185*). mundalon sprehan *effare loquere* 16. mundulit *infit* 188,35 (*zur Gl.-Grundlage u. zur Wiedergabe vgl. Splett a. a. O. S. 265*).

mundazzen *sw. v.*; *ae.* múþettan (*vgl. Bosw.-T., Suppl. S. 644*). – *Graff II,700. 813 s. vv.* motazjan? *u.* mundazian?

mundozit: *3. sg.* Gl 1,188,36 (*Ra; zur Bildung vgl. Splett, Stud. S. 265, Riecke, jan-Verben S. 218*).

vorbringen, äußern: mundilit mundozit *infit infert* (*PaK* muotazzen*; zur Gl.-Grundlage vgl. Splett a. a. O.*).

mundbizzo *s.* ?mūthbiti *as.*

munde S 156,15 *s.* munt *st. m.*

munden *sw. v.* (*zur Bildung vgl. Splett, Ahd. Wb. I,2,636, vgl. aber auch Riecke, jan-Verben S. 316*), *vgl. nhd.* münden (*Neubildung*). – *Graff II,813.*

mundent: *3. pl.* Nb 309,29 [236,18].

zusammenfließen, einmünden: mundent sie (*Tigris und Euphrat*) after des . unde choment sie in eina runsa *si coeant et revocentur iterum in unum cursum* [*vgl. i. congregantur ut vere faciunt, Rem.*].

Vgl. mund, gimundi.

mundfol *st. m., mhd.* muntvol, *nhd.* mundvoll; *as.* mūthfull, *mnd.* muntvul (*ohne Wortartangabe*), *mnl.* montvol; *vgl. an.* munnfyllr *f.* (*vgl. Fritzner 2,750*).

munt-uol: *nom. sg.* Gl 3,495,12 (*Mülinensche Rolle, Gll. 11./12. Jh.?*); **-fol:** *dass.* 4,25,11 (-ū-*; Nürnberg Acc. 42523, 13. Jh.*).

Verschrieben: **muh-ful:** *acc. sg.* Gl 2,717,66 = Wa 113,28 (*Jh; l.* muth-, *Steinm.*).

Mundvoll, Bissen: muthful, *Randgl.* cleuuin [*cui vates, horrere videns iam colla colubris, melle soporatam et medicatis frugibus*] *offam* [*obicit, Verg., A. VI,420*] Gl 2,717,66 = Wa 113,28. snida muntuol *bucella*

3,495,12 (*danach bucca os, Steinm. z. St.*). mu*n*tfol *bucella panis quantum ori datur* 4,25,11.

gi-**mundi** *st. n., nhd. dial. schweiz.* gemünd *n. Schweiz. Id. 4,322; as.* gimūthi; *ae.* gemýþ *pl. n. f.* (?), gemýþe *n.* (*vgl. Bosw.-T., Suppl. S. 376*); *an.* mynni *n.*; *vgl. afries.* mūtha, mūth? *m.* – *Graff II,812.*

ki-mund-: *nom. pl.* **-i** Gl 2,550,38; *dat. pl.* **-un** 690,13 (*lat. acc. pl.*); **ke-:** *acc. pl.* **-i** 696,3; **gi-:** *nom. sg. oder pl.* **-i** 4,340,29; *dat. sg.* **-i** 2,652,64; *nom. pl.* **-i** 658,31 (*oder acc. pl.? s.* 1); *dat. pl.* **-in** 436,20 (*2 Hss.*). 646,22; *acc. pl.* **-i** 357,5 (*clm 14754, 9. Jh.*). 358,17. 438,41. 588,17 = Wa 102,23 (*Düsseld. F. 1, Gll. 10. Jh.*). 644,30 (*Hs.* -v-). 646,57. 652,61. 655,6; **ge-:** *nom. pl.* **-i** 710,31 (*oder acc.? s.* 1); *acc. pl.* **-i** 357,5/6 (*Sg 299, 9. Jh.*). 4,344,21 (*Werdener Bll., Hs. 10. Jh.; zum Erhalt des Nasals vgl. Klein, Stud. S. 123*). – **gi-muthi:** *nom. pl.* Glossogr. 2,1225,9 (*nach* Gl 2,717,67 = Wa 113,31*; oder acc. pl.* (?), *s. unter* 1*; Jh*); **i-:** *acc. pl.* Gl 2,717,13 = Wa 112,14 (*Jh*).

Verschrieben: **gu-mundin:** *dat. pl.* Gl 2,776,8.

Unsicher, ob hierher (?)*:* **gi-mundi:** *nom. sg.* Gl 4,604,18 (*Prag, Lobk. 434, 13. Jh., f. 35a; vgl. Splett, Ahd. Wb. I,2,636 s. vv.* gimundî *u.* iogimundî, *wonach* munden *sw. ?tw=98%>v. 'zusammenfließen' die Bildungsgrundlage ist, s. unter* 2).

1) *Mündung, Mündungsarm eines Flusses:* gimundi [*Asia ad mediam frontem orientis habet in oceano Eoo*] *ostia* (*aditus*) [*fluminis Gangis, Oros. 1,2 p. 12*] Gl 2,357,5. 358,17, *z. gl. St.* anaual gimundi *ostia i. aditus ł introitus* 4,340,29. gimundin [*sistitur insano rectori, Christicolas tunc*] *ostia* [*vexanti per Tiberina viros, Prud., P. Hipp.* (*XI*) *40*] 2,436,20. 588,17 = Wa 102,23. kimundi [*deus … docuit Romanos … omnes fieri, quos … tepidi … lavant septem*] *ostia* [*Nili, ders., Symm. II,607*] 550,38. gimvndi [*qua* (*Nilus*) *… diversa ruens septem discurrit in*] *ora* [*Verg., G. IV,292*] 644,30. aftar niun gimundin [*Antenor potuit … fontem superare Timavi, unde per*] *ora* [*novem cum murmure montis it mare proruptum, ders., A. I,245*] 646,22 (*vgl. unde per ora novem multi septem esse dicunt, Serv.; zur Bed. vgl. Thes. IX,2,1091,42*). gimundi [*vivo praetervehor*] *ostia* [*saxo Pantagiae Megarosque sinus Thapsumque iacentem, ebda. III,688*] 652,61 (*vgl. ostia vero aut litora sunt, aut exitus fluminis in mare, aut introitus portus, Serv.*). 696,3. imuthi *ostia* (*introitum*) [*ebda.*] 717,13 = Wa 112,14. gimundi [*huius* (*Caesaris*) *in adventum iam nunc … septemgemini turbant* (*vgl. turbantur, Serv.*) *trepida*] *ostia* [*Nili, ebda. VI,800*] 658,31. 710,31. Glossogr. 2,1225,9. kimundun [*urbs antiqua fuit … Karthago, Italiam contra Tiberinaque longe*] *ostia* [*ebda. I,14*] Gl 2,690,13. gumundin [*neque enim minor haeserat illis, quos operit glacies Maeotica ruptaque tandem solibus effundit torrentis ad*] *ostia* [*Ponti desidia tardos et longo frigore pingues, Juven. 4,43*] 776,8; – *vielleicht auch für den im Mündungsbereich befindlichen Hafen:* dei gimundi *ostia* (*Glossen: Tiberina, portas, ianuas, vgl. PL 60*) [*linquunt: Roma placet, sanctos quae teneat cineres, Prud., P. Hipp.* (*XI*) *151*] Gl 2,438,41 (*nach Gl.-Wortsch. 6,450 noch Gl. ingressus*). gimundi [*puppesque tuae pubesque tuorum aut portum tenet aut pleno subit*] *ostia* [*velo, Verg., A. I,400*] 646,57 (*vgl. ostia proprie ostia dicuntur exitus fluminum, sed modo abusus est, quia plerumque ostia ipsa pro portu sunt, Serv.; zur Bed. vgl. auch Thes. IX,2,1156,67*). gimundi [*Alpheum fama est huc Elidis amnem occultas egisse vias subter mare, qui nunc*] *ore* (*fonte vivo, Serv.*) [*, Arethusa, tuo Siculis confunditur undis, ebda. III,696*] 652,64. gimundi [*navis … plenis subit*] *ostia* [*velis, ebda. V,281*] 655,6. gemundi [*respice, num Libyci desistat ruris arator frumentis onerare rates et ad*] *ostia* [*Tibris mittere triticeos in pastum plebis acervos, Prud., Symm. II,938*] 4,344,21.

2) *Unsicher, ob hierher* (?)*: zusammenströmende Menge* (*? zur Bed. vgl. Splett, Ahd. Wb. I,2,636*)*:* gimundi *falangis* (*sc. phalanx*) Gl 4,604,18; *es handelt sich um eine Abrogans-Gl.* (*vgl. Gl.-Kat. Nr. 786*) *u. damit auch um ein Bruchstück der Glossen* eocamunti *Pa bzw.* eokimundi *K in* Gl 1,144,4, *die bislang keine überzeugende Deutung erfahren haben* (*vgl. dazu Splett, Stud. S. 214, Ahd. Wb. 3,315 s. v.* eocamunti *u. a. a. O. 4,1650 s. v.* io, *Gl.-Wortsch. 5,69 s. v.* iogimundi *adj.; anders Ahd. Gl.-Wb. S. 214 s. v.* gimunt *st. n. 'Schutz'*).

Vgl. munden.

mundilen *s.* mundalôn.

[? **mundléaw** *ae. st. f.* (*vgl. Bosw.-T. S. 701, ders., Suppl. S. 643. 608 u. S. 668 s. v.* léah, léag?); *an.* mundlaug *f.*

mund-leu: *acc. sg.* Gl 1,382,4 (*Carlsr. Aug. CXXXV, 9. Jh.*).

Schale, Waschbecken: mundleu [*de nocte consurgens* (*Gedeon*) *expresso vellere,*] *concham* [*rore implevit, Jud. 6,38*]; *vgl. Leydecker S. 43.*]

mundleu Gl 1,382,4 *s.* ?mundléaw *ae.*

mundloh *st. n., mhd.* muntloch *st. n.* (*vgl. auch Lexer, Taschenwb. S. 145*).

munt-lochen: *dat. pl.* Nb 22,12 [18,10].

Öffnung, Schlot: ter brennento berg Ueseuus … so er uerbrochenen muntlochen uuito zeuuirfet siniu riuchenten fiur *ruptis caminis* [*vgl. foraminibus, Rem.*].

mune Gl 4,237,12 *s.* munizzâri.

mune- *s.* mun(i)-.

munera Gl 3,509,18 (*Mülinensche Rolle, 11./12. Jh.*) *zu: scapestan in einem alphabetischen Heilmittelglossar ist unklar. Nach Diefb., Nov. Gl. S. 329 ist scapestan vielleicht auf scaptensula, gr.* Σκαπτησούλη, *Name einer für ihre Silberminen bekannten Stadt in Thrakien, zurückzuführen, vgl. dazu noch scaptensulas argenti fudinas* (*sc. argentifodinas*), *CGL IV,167,46, u. Walde-Hofmann 2,489. Zum selben lat. Lemma ist* mina Gl 3,491,11, *siehe dort, zu vergleichen. Vielleicht ist* munera *eine Verschreibung, u. ein Ansatz* miniera (*st. sw.?*) *f. aus mlat.* minera (*Nebenform zu* minarium) *zu erwägen.*

munes-, munez- *s.* muniz-.

munfer Gl 3,453,23 *s.* mûuuerf.

bi-**munîgôn** *sw. v.* (*zur Bildung vgl. Wilm., Gr. 2^2 S. 77. 111*); *vgl. mnl.* monigen, munigen. – *Graff II,779.*

bi-munigot: *part. praet.* O 4,19,47; **bi-muniun:** *1. sg.* S 383,3 (*Contra malum malannum; zu* -un *vgl. Braune, Ahd. Gr.*[15] *§ 305 Anm. 5*).

jmdn. beschwören, daß, mit Akk. u. Nebens.: ih bimuniun dih, sua*m*, pi gode iouh pi Christe … daz tu niewedar nigituo noh tolc noh tothoupit *item adiuro te … ut amplius non crescas, sed arescas* S 383,3. (*Kaiphas zu Jesus:*) sis bimunigot thuruh then himilisgon got, bisuoran …, thaz thu unsih nu gidua wis, oba thu gotes sun sis [*vgl. adiuro te per deum vivum, Marg. nach Matth. 26,63*] O 4,19,47.

Vgl. manên, bimonôn.

munih *st. m.* (*auch* **munihho** *sw. m.?*), *mhd.* münech, -ich, munich, münch, munch, *nhd.* mönch, *dial. schweiz.* münch *Schweiz. Id. 4,318, bair.* mün(e)ch *Schm. 1,1620*; *mnd.* mōnik, *mnl.* monic; *afries.* munek, -ik, monik; *ae.* munuc; *an.* munkr; *aus mlat.* monachus; *zum Wandel von lat.* o *zu ahd.* u *in frühen Lehnwörtern vgl. Braune, Ahd. Gr.*[15] *§ 32 Anm. 4. – Graff II,804.*

munich: *nom. sg.* Gl 3,133,61 (*SH A, 2 Hss., 1 Hs.* –v-). 67 (*SH A, 5 Hss., 1 Hs.* –v-). 180,44 (*SH B*). 393,36 (*Hildeg.*). Hbr. I,279,112 (*SH A*); *gen. sg.* **-]es** Gl 2,258,8 (*M, 2 Hss.*); *nom. pl.* **-]a** 1,212,25 (*R*). 28 (*K*); *gen. pl.* **-]o** S 196,6 (c *über* i *geschr.*). 7. 25 (*alle B*). Np 21,19; **mûnich:** *nom. sg.* Gl 3,133,62 (*SH A*). 378,61 (*Jd*). Hbr. I,279,109 (*SH A*).

Mit verkürzter Schreibung (vgl. dazu Masser, Ben.reg. S. 34 u. Ausg. Steinm. S. 285; nur in B): **h:** *nom. sg.* S 215,23 (*Ausg. muni*h); **ches:** *gen. sg.* 256,24 (*Ausg. muni*ches); **cho:** *gen. pl.* 197,11/12 (*Ausg. muni*cho).

Verstümmelt: **..h.:** *nom. pl.* S 246,29 (*B; l.* municha*; ausrad. u. bis auf den Schaft des* h *kaum noch lesbar, vgl.* Wessing S. 176).

Schwach (?): **muneche:** *nom. sg.* Gl 3,133,62 (*SH A; Wien 2400, 13. Jh.; oder verschr. (?), vgl.* munich Gl 3,133,67 *in ders. Hs.*).

Mönch: daz fel municha fora im tragant *melotis* Gl 1,212,25 (*zur Glossierung vgl. Splett, Sam.-Stud. S. 112*). (fel?) einferi hanckendi thes municha pruhhant (*melotes*) *uno late rependen[s] quo monachi utuntur* [*vgl. melotes: pellis ovina simplex qua[m] monachi utuntur, ex uno latere dependens, Gloss. Lat. V ME 9*] 28 (*vgl. Splett, Stud. S. 303, Götz, Glossen S. 72 f.*). muniches [*eo quoque tempore quo primum*] *remotae* (*Parallelhss. dazu noch monachi, vgl. Steinm.*) [*vitae desideriis anhelabam, Greg., Dial. 4,31 p. 420*] 2,258,8. mvnich *monachus Graece, Latine singularis* [*Hbr. I,279,109*] 3,133,61. Hbr. I,279,109. *cucullarius vel cucullio* [*Hbr. I,279,112*] Gl 3,133,67. Hbr. I,279,112 (*Hs. noch vel cucullatus*). *monachus vel cucullio vel cucullaris* [*Hbr. II,9,191*] Gl 3,180,44. *monachus* 378,61. *morizinz* (*Hs. morizin*) *monachus* 393,36. municho fioreo vvesan chunni chund ist *monachorum quattuor esse genera manifestum est* S 196,7. daz êr allu zuamanonte daz âno murmulodin sin municha *hoc ante omnia admonentes ut absque murmorationibus sint monachi* 246,29 (*monachi zusammen mit* municha *ausrad.*). vestimenta Christi daz sint siniu sacramenta ... also baptismum ist . unde missarum sollemnia . unde municho libregela Np 21,19; *ferner:* S 196,6. 25. 197,11/12. 215,23. 256,24 (*alle monachus*).

Vgl. ?monichikîn *mfrk.*

munihlîh *adj.*, *mhd.* münechlich; *mnl.* moniclijc; *ae.* munuclíc; *vgl. nhd.* mönchisch, *mnd.* mönkich. – *Graff II,804.*

munih-lih-: *acc. sg. m.?* **-an** Gl 2,113,64 (*M, 10. Jh.*); **-en** ebda. (*M, 10. Jh.*); **munich-:** *dass.* **-en** 63 (*M, 2 Hss., 10./11. u. 11. Jh.*); **monih-lichen:** *dass.* 65 (*M, Hs. 12. Jh.*).

mönchisch: munichlihen (lîb?) [*qui vere, et sincere*] *singularem* [*sectantur vitam, competenter honorentur, Conc. Chalc. IV p. 134*].

munihtuom *st. m. n.*, *nhd.* mönch(s)tum. – *Graff II,804.*

munih-tuomes: *gen. sg.* Gl 2,131,15 (*M, 4 Hss., darunter clm 6242, 9. Jh., 3 Hss. 10. u. 10./11. Jh.*).

mönchisches Leben: munihtuomes [*unde qui relicta*] *singularitatis* (*2 Hss. singulariter, vgl.* Gl 5,101,29) [*professione ad militiam, vel ad nuptias devolutus est, publicae poenitentiae satisfactione purgandus est, Decr. Leon. XXVI p. 230*].

munist(i)ri, munistiuri *st. n.*, *mhd.* münster, munster, *nhd.* münster; *mnd.* münster, *mnl.* monster; *afries.* menster, minstar, munstar; *ae.* mynster; *an.* musteri, -ari; *aus lat.* monasterium, *mlat.* monisterium (*vgl. Masser, Gotteshaus S. 70*). – *Graff II,805.*

munusturi: *acc. sg.* S 185,44 (*Otl.; zu* -u- *in* -turi- *vgl. Schatz, Ahd. Gr. § 68*); **munistr-:** *gen. sg.* **-es** 196,15. 197,31 (*beide B*); *dat. sg.* **-e** 191,7. 198,3. 199,23 (*alle B*); **munster:** *nom. sg.* Gl 3,393,41 (*Hildeg.*). 417,74 [HD 2,381]. – **monastr-:** *gen. sg.* **-es** S 237,8/9 (*B*); *dat. sg.* **-e** 206,25/26 (*B*); *zur Lautform* monast- *statt* munist- *wie sonst in B vgl. Masser, Komm. Ben.reg. S. 113 f.*; **monster:** *nom. sg.* Gl 3,383,38 (*Jd*).

Mit unklarem Diphthong –iu- (*in den Belegen des 8. u. 9. Jhs. wohl kaum Umlaut, vielleicht Vermischung von* munistiri *u.* munisturi *oder Anlehnung an* stiurî *'Lenkung, Leitung', vgl. Masser, Gotteshaus S. 78 Anm. 43 u. Splett, Stud. S. 134*)*:* **munis-diur-:** *gen. sg.* **-es** Gl 1,72,31 (*K; zum Kasus vgl. Splett a. a. O., zu* -sd- *vgl. Kögel S. 68*); **-tiur-:** *nom. sg.* **-i** ebda. (*Pa*); *dat. sg.* **-e** 2,52,36 (*Prag, Lobk. 434, 9. Jh.*); **munes-:** *acc. pl.* **-a** Npw 103,17 (-iu- *hier wohl als Umlaut zu werten, vgl. Schatz a. a. O.*). – *Verstümmelt:* **|unistiure:** *dat. sg.* Gl 2,150,16 (*mus. Brit. Arund. 393, 9. Jh.; vor* un- *noch Rest eines kurzen Strichs, vgl.* Litbl. 18,76).

Mit verkürzter Schreibung (vgl. dazu Masser, Ben.reg. S. 34 u. Ausg. Steinm. S. 285; nur in B): **tres:** *gen. sg.* S 203,17. 216,13 (*Ausg. jeweils munis*tres); **tre:** *dat. sg.* 202,23. 203,13. 26/27 (*Ausg. jeweils munis*tre).

Verstümmelt: **m.stg.:** *acc. sg.?* Nievergelt, Glossierung S. 717,58 (*Gl. in cgl-Geheimschrift; l.* mȳster (*?*), *vgl. Nievergelt a. a. O.*).

Munster (*auch* –v-), -tir Gl 3,126,24. Hbr. I,261,147 (*beide SH A*). Gl 3,209,10/11 (*SH B*) *ist ON.*

Kloster(gemeinschaft): munistiuri *coenobium* Gl 1,72,31. in munistiure [*ut non suo arbitrio viventes, ... sed ambulantes alieno iudicio et imperio,*] *in coenobiis* [*degentes, abbatem sibi praeesse desiderant, Reg. S. Ben. 5 p. 26,26*] 2,52,36. *sezz*it (*oder kipit* (*?*), *vgl.* Beitr. 73,200) iz za munistiure [*si quis filios suos relinquens, non eos enutrit, et quod ad se pertinet,*] *ad pietatem divini cultus informat* [*, sed per occasionem continentiae negligit, anathema sit, Conc. Gangr. LXXIII p. 124*] 150,16. monster *monasterium* 3,383,38. *monzchia monasterium* 393,41. munster *monasterium* [*vgl. porro monasterium praeferet celestem paradisum, HD 2,381*] 417,74 [HD 2,381]. *m*unster [*si pro*] *monasthirio* (*Hs.* -rii *oder* -ru) [*privilegio cupitis vindecare, Greg. Turon. I,1,1 p. 33,3*] Nievergelt, Glossierung S. 717,58. dara nah ruofi ih zi dinen gnadun umbi unser munusturi, daz zistorit ist durh unsre sunta *deinde inmensam pietatem, domine Ihesu Christe, suppliciter deposco pro coenobii nostri loco* S 185,44. daz fona siin selbes chundidv meistartuam lirnente in sineru leru unzin ze tode in munistre duruhuuonente dolungono Christes duruh kedult teil nemem daz rihhes sine kearneem vuesan ebanlozzon .. *ut ab ipsius notitiam magisterio discentes in eius doctrina* *usque ad mortem in monasterio perseverantes passionibus Christi per patientiam participemus, ut regni eius mereamur esse consortes* 191,7 (*z. St. vgl. Masser, Komm. Ben.reg. S. 72*). niheiner in *munis*tre eikanes si kefolgeet herzin uuillin *nullus in monasterio proprii sequatur cordis voluntatem* 203,13. ibv huuelihhiv k*euuisso* minnirun ze tuanne sint in *munis*tre piderbidoom herostono so pruhhe kerattes *si qua vero minora agenda sunt in monasterio utilitatibus seniorum tantum utatur consilio* 26/27 (*Sg 915 in monasterii, vgl. Masser, Ben.reg. S. 117,10 u. Anm. z. St.; zum lat. Abl. in monasterio der Hs. Sg 916 vgl. auch ders., Komm. Ben.reg. S. 105*). si stiftent munestiura an iro eigenen, daz da inne si diu gemeinde dero heiligen pruodera Npw 103,17 (Np *monasteria*); *ferner:* S 196,15. 197,31. 198,3. 199,23. 202,23. 203,17. 206,25/26. 216,13. 237,8/9 (*alle monasterium*).

Abl. munist(i)rilîh.

Vgl. Masser, Gotteshaus S. 70–83.

munist(i)rilîh *adj.*; *mnl.* monsterlijc; *ae.* mynsterlíc. – *Graff II,805.*

munistri-lih: *Grdf.* S 196,9 (*B*).

klösterlich: erista samanungono daz ist munistrilih chamffanti untar regulu edo demv fatere *primum* (*genus*) *coenobitarum hoc est monasteriale militans sub regula vel abbate* (*z. Stelle vgl. Masser, Komm. Ben.reg. S. 84 f.*).

munistiuri *s.* munist(i)ri.

munit- *s.* muniz-.

mun(i)uua (*st. sw.?*) *f.*, **mun(i)uuo** *sw. m.*, *frühnhd.* munne (*vgl. DWb. VI,2698*), *nhd. dial. rhein.* münne *m. f. Rhein. Wb. 5,1410 f.*, *siebenb.-sächs.* münne *m. Siebenb.-Sächs. Wb. 7,288*, *westf.* mône *f. Woeste S. 177*; *mnd.* mône, *mnl.* moene, mone, moyne *f.*; *ae.* mine *m.* – *Graff II,805.*

Alle Belege im Nom. Sing.

mun-iva: Hbr. 1,156,593 (*SH A; -a rad.*); **-euua:** Gl 3,47,5 (-v-, -wa). 83,21/22 (*SH A;* -wa). Beitr. (Halle) 86,393,47 (*Wolf. Wiss. 50, 9. Jh.; korr. aus* munea); **-uwa:** Gl 3,202,21 (*SH B*); **-uva:** 455,2 (*Hs.* munu,vịa); **-ua:** 83,18 (*SH A, 5 Hss., 2* -vnv-, *1 Hs.* -u[a], u *auf Rasur*). – *Hierher wohl auch:* **moyne** (*s. o. mnl.* moyne)**:** Gl 3,47,5 (*clm 27329, 13./14. Jh.*).

muno: Gl 3,683,45 (*Berl. Lat. 8° 73, 11. Jh.*).

Döbel, Squalius cephalus Heck (*? Vgl. Brehm, Fische S. 198*)*:* mvnewa *redo* Gl 3,47,5 (*Vers. de pisc., vgl. ZfdA. 9,392,42; vgl. auch Hildeg., Fische S. 38. 81. 130*). alnt uel mvnva *capito ł capedo* 83,18 (*1 Hs. nur* alunt). 202,21. Hbr. 1,156,593. *capedo* Gl 3,455,2. *cavona* 683,45 (*zum lat. Lemma vgl. cavena bei Diefb., Gl. 97*[c] *s. v. capito*). alont ł muneuua [*in o masculina ... derivativa, ut ... a capite*] *capito* [*Prisc., Inst. II,121,16*] Beitr. (Halle) 86,393,47.

muniz *st. m.*; *ae.* mynet *n.*; *aus lat.* moneta. – *Graff II,805 f.*

muniz: *nom. sg.* Gl 1,301,6 (*S. Paul XXV d/82, 10. Jh.; lat. gen. sg.; zum Nom. vgl. Jacob S. 46*). 303,16; *gen. sg.* **-]es** Thoma, Glossen S. 5,21 (-iczes). ebda. 22; *acc. sg.* **-]** T 126,2.

muniz Gl 4,81,39 *s.* munizza.

1) *Geldstück:* ouget mir then muniz thes zinses. Sie tho brahtun imo phending *ostendite mihi nomisma census. At illi obtulerunt denarium* T 126,2.

2) *Geld, Währung:* chuninliher muniz [(*Abraham*) *appendit pecuniam ... quadringentos siclos argenti probatae*] *monetae publicae* [*Gen. 23,16*] Gl 1,301,6. 303,16, *z. gl. St.* frono munizes. chuningliches munizes Thoma, Glossen S. 5,21. 22.

Vgl. munizza.

munizîsa(r)n *st. n.*, *mhd.* münzîsen, *nhd.* (*älter*) münzeisen; *mnd.* münt(e)îser(e)n, *mnl.* muntiser(en); *ae.* mynetíse(r)n (*vgl. Bosw.-T. Suppl. S. 644*); *zur unregelmäßigen lautlichen Vereinfachung von* -rn *vgl. Kluge, Et. Wb.*[25] *S. 237.* – *Graff II,806.*

muniz-isar: *nom. sg.* Gl 1,305,62 (*M, clm 18140, 11. Jh.*).

munez-isenes: *gen. sg.* Gl 2,349,31 (*Carlsr. Aug. CCXVII, Gll. 9. u. 10. Jh.*).

Münz-, Prägestempel in der übertr. Bed. Gepräge (*? Vgl. Meissner, Festschr. Kock S. 229; nach Ahd. Gl.-Wb. S. 424 u. Splett, Ahd. Wb. I,2,637 dagegen 'Münze, Geldstück'; doch wurde nicht das Simplex* munizza *oder* muniz, *sondern ein Komp. zur Übers. gewählt; fraglich ist auch die Deutung des Zweitglieds* îsa(r)n, *denn Geldstücke bestanden im Mittelalter nicht aus Eisen, sondern vor allem aus Silber* (*daneben auch aus Gold, Bronze oder Kupfer*), *vgl. LMA 6,924 f.; zum Prägevorgang vgl. ebda. 935 f.*)*:* munizisar [(*Abraham*) *appendit pecuniam ... quadringentos siclos argenti probatae*] *monetae* [*publicae, Gen. 23,16*] Gl 1,305,62 (*nach Gl.-Wortsch. 6,452 noch Gl. libra, vgl. hierzu Ertmer, Juv. S. 283; zu monetae der Stelle in der Bed. 'Münze, Geld' vgl. Thes. VIII,1415,2; moneta hat auch die Bed. 'Münzgepräge', aber nicht 'Münz-, Prägestempel' als Werkzeug, vgl. Thes. VIII,1413–1415; E. Schröder, in: Frankfurter Münzzeitung 3* (*1903*), *477 f. erwägt, ob nicht libra in der Bed. 'Münzgewicht' glossiert ist, doch bestanden Münzgewichte aus Blei oder Bronze, vgl. RGA 35,569*). munezisenes [*inspicite in nummum sculptique*] *nomismatis* [*aera, Caesaris expressum facile est ubi cernere vultum, Juv. 4,10*] 2,349,31 (*nach Ertmer a. a. O. S. 281–284. 286 liegt eine vermutlich durch den Kontext motivierte, assoziative Glossierung mit der eigentl. Bed. 'Prägestempel' vor, wobei als lat. Lemma das ganze Syntagma sculpti nomismatis aera fungiere. Dagegen spricht, daß lat. aes nicht 'Eisen' bedeutet* (*vgl. Georges, Handwb.*[11] *I,199–202 u. Mlat. Wb. I,326–328*) *u. auch ahd.* îsa(r)n *'Eisen, aus Eisen Hergestelltes'* (*vgl. Ahd. Wb. 4,1734 f.*) *nicht als Übersetzungswort von lat. aes bezeugt ist; daher ist wohl anzunehmen, daß das lat. Lemma nomismatis hier abweichend von der üblichen Bed. 'Münze'* (*s. Matth. 22,19 u.* muniz 1, munizza 1) *in der Bed. 'Münzgepräge' wiedergegeben wurde* (*vgl. ZfdA. 39,341 u. CGL V,121,35: nomisma moneta uel forma; zu forma 'Münzstempel' u. 'Prägung' vgl. Mlat. Wb. IV,394,28 u. 393,51*)).

munizscranna *sw. f.* – *Graff VI,582.*

muniz-scrannun: *acc. pl.* Gl 1,811,17 (*M, 2 Hss., 10. Jh.*). *Verschrieben:* **muniz-scrannum:** *acc. pl.* Gl 1,811,18 (*M, Hs. 12. Jh.*).

Tisch der Geldwechsler: munizscrannun [(*Jesus*) *eiiciebat omnes vendentes, et ementes in templo, et*] *mensas* [*numulariorum, et cathedras vendentium columbas evertit, Matth. 21,12*] (*2 Hss.* scranna munizzâro).

munizza *st. sw. f., mhd.* münze *st. f., nhd.* münze; *as.* munita, *mnd.* münte, *seltener* mönte, *mnl.* munte, mynte, monte; *afries.* men(e)te, menote, munte, mon(e)te; *an.* mynt *f.; aus lat.* moneta. – *Graff II,805 f.*

Stark: **munizz-:** *gen. sg.* **-a** Gl 2,505,29. 560,32; **-o** 1,299,41 (*Sg 295, Gll. 9./10. Jh.* (*?*)*;* -z^{z}-). 314,23.

muniz-: *gen. sg.* **-a** Gl 1,297,24. 2,505,29. 535,66 (-z- *aus* h *korr.*). 541,7. 555,58. 560,32. 569,57/58. Mayer, Griffelgl. Salzb. S. 87,198 (*Salzb. St. Peter a VII 2, Gll. 9. Jh.*); **-o** Gl 2,411,63. 534,10 (-z- *aus* h *korr.*); *acc. pl.* **-a** 617,33 (*Antwerpen 126, 9. Jh.*).

munit-: *gen. sg.* **-a** Gl 2,585,64 = Wa 99,31; *acc. sg.* **-a** 586,12/13 = Wa 100,17.

Schwach: **munizon:** *gen. sg.* ZfdA. 64,77,8.

muniton: *gen. sg.* Gl 2,572,51 (*Brüssel 9987–91, Gll. 9. u. 10. Jh.?*).

Nicht eindeutig: **munizz-:** *nom. sg.* **-a** Gl 1,283,71 (*Jb-Rd*). 2,619,40; **-]** 4,152,31 (*Sal. c; mit Rasur der Endg.*).

mun-iz-: *nom. sg.* **-a** Gl 1,216,13 (*R*). 2,499,46 = Wa 86,11. 619,40 = Wa 87,17. 3,246,51 (*SH a2;* -v-). 280,31 (*SH b, 3 Hss.*). 303,55 (*SH d*). 4,8,69 (*Jc*). 79,27 (*Sal. a1, 3 Hss.*); **-]** 81,39 (*Sal. a1*). 151,34 (*Sal. c; mit Rasur der Endg.*); **-ez-:** *dass.* **-a** 3,246,51 (*SH a2*). 320,39 (*SH e;* -u,^{ne}z-). 339,6 (*SH g, 3 Hss.*); **-z-:** *dass.* **-a** 2,499,46. 3,246,52 (*SH a2*). 4,79,28 (*Sal. a1*); **-e** 3,246,52 (*SH a2, 2 Hss., 1 Hs.* -v-). 4,216,31. – **mů̊nza:** *nom. sg.* Gl 4,79,28 (*Sal. a1*). – **monze:** *nom. sg.* Gl 3,374,64 (*Jd*).

munese: *nom. sg.* Gl 3,192,44 (*SH B*). – **mů̊nse:** *nom. sg.* Gl 4,216,31.

Verstümmelt: **. . niz . . :** *acc. sg.* F 16,12/13.

1) *Geldstück:* muniza [*terdena*] *numismata* [*sumens argenti, Sed., Carm. pasch. V,43*] Gl 2,617,33. 619,40 = Wa 87,17. muniza [*ostendite mihi, inquit* (*Jesus*), *denarium. Hoc est genus*] *nummi* [*quod pro decem nummis inputabatur et habebat imaginem Caesaris, Hier. in Matth. 22,22, CCSL 77,204,1775*] Mayer, Griffelgl. Salzb. S. 87,198. .. mir dea *munizza* .. *ostendite mihi numisma census* F 16,12/13.

2) *Geld, Währung:* munizza uuaga [*(Abraham) appendit ... quadringentos siclos argenti probatae*] *monetae* (*Hss. moneta*) [*publicae, Gen. 23,16*] Gl 1,283,71. liutparrero munizzo *monetae publicae* [*ebda.*] 299,41, *z. gl. St.* thero fronero munizon ZfdA. 64,77,8. munizzo *siclos* [...] *monetae* [*ebda.*] Gl 1,314,23. muniza [*permitto tibi facere percussuram proprii*] *numismatis* [*in regione tua, 1. Macc. 15,6*] 297,24 (*oder zu 3?*). munizo [*sordet Christicolis rutilantis fulva*] *monetae* [*effigies, Prud., Psych. 526*] 2,411,63 (*zur Zuordnung vgl. Thes. VIII,1415,12*). 499,46 = Wa 86,11. 534,10. *monetae* (*.i. percussura nummorum; zu percussura 'Prägung', vgl. Niermeyer, Lex.^{2} S. 1024*) [*ebda.*] 569,57/58. munizza [*exquirit arcam ditibus massis refertam et fulgidae montes*] *monetae* [*conditos, ders., P. Laur. (II) 56*] 505,29. 535,66. 541,7. 555,58. 560,32. 572,51, *z. gl. St.* theru munita 585,64 = Wa 99,31. munese *moneta* 3,192,44 (*im Abschn. De metallis*). 246,51. 280,31. 303,55. 320,39. 339,6. 374,64. 4,79,27. (*1 Hs. noch materia*). 151,34. 216,31.

3) *Gepräge, Prägung* (*vgl. DRWb. 9,1006 s. v. Münze*)*:* is munita the*m* denariis angiduana [*caesar agnoscit*] *suum numisma* (*Glosse: imaginem, vgl. PL 60*) *nummis inditum, Prud., P. Laur. (II) 96*] Gl 2,586,12/13 = Wa 100,17. muniza *nummisma* [*nummi percussura, CGL IV,542,50*] 4,8,69.

4) *Geldabgabe* (*? Vgl. DRWb. 9,1010 s. v. Münze, Mlat. Wb. II,957,59 ff. s. v. commercium*)*:* *nundina* muniza ł *commertium* Gl 1,216,13.

5) *Glossenwort:* muniz *nomisma* Gl 4,81,39. 152,31.

Abl. munizzôn.

Vgl. muniz.

munizzâri, -eri *st. m., mhd.* münzære, -er, *nhd.* münzer; *as.* muniteri, *mnd.* münter(e), mönter(e), *mnl.* munter(e), monter; *afries.* men(e)t(e)re, menotere, munter(e), monter(e); *ae.* mynetere; *an.* myntari; *aus lat.* monetarius. – *Graff II,806.*

mun-izzar-: *nom. sg.* **-i** Gl 1,740,1 = Wa 79,5. 2,153,26. 263,23. 740,16; *gen. pl.* **-o** 1,811,19 (*M;* -z^{zaro}, *zur Schreibung vgl. Steinm., Beitr. S. 35*); **-ezzare:** *nom. sg.* 4,152,43 (*Sal. c*). – **muniz-ar-:** *nom. sg.* **-i** Gl 1,720,44 (*M*). 2,263,23 (*Sg 299, 9. Jh.*). 399,74. 740,16 = Wa 80,19. 3,139,11/12 (*SH A, 2 Hss.*). 4,8,67 (*Jc*); **-e** 3,246,54 (*SH a2;* -v-). 280,33 (*SH b*). 4,81,51 (*Sal. a1*); *gen. pl.* **-o** 1,811,21 (*M*); *dat. pl.* (*?*) **-r̄** 2,281,19 (*M, 2 Hss.*); *acc. pl.* **-a** 282,45 (*M, 5 Hss.*). O 2,11,8; **-i** Gl 2,282,46 (*M, clm 14689, Hs. 12. Jh.*); **-ære:** *dass.* 3,416,5 [HD 1,79]; **munezare:** *nom. sg.* 246,54 (*SH a2*). 346,53 (*SH g, 2 Hss.*); **munz-ar-:** *dass.* **-e** 246,55 (*SH a2, 2 Hss.*); **-ær-:** *dass.* 56 (*SH a2;* -v-); **mů̊nzare:** *dass.* 139,10 (*SH A, 2 Hss., 1 Hs.* -v̊-). – **munsære:** *nom. sg.* Gl 3,139,11 (*SH A*).

munizzerin: *dat. pl.* T 149,7; **mů̊nzzer:** *nom. sg.* Hbr. I,289,273 (*SH A*). – **mun-izer-:** *nom. sg.* **-a** Gl 4,163,41 (*Sal. c;* -a *unter Einfluss der lat. Endg.*); **-e** 3,185,60 (*SH B*). 4,238,12; **-ezere:** *dass.* 3,346,53/54 (*SH g*). 396,16 (*Hildeg.*); **monzere:** *dass.* 374,62 (*Jd*). – **mun-esere:** *nom. sg.* Gl 3,185,60 (*SH B*); **-sere:** *dass.* 139,11 (*SH A*).

Verstümmelt: **mune:** *nom. sg.* Gl 4,237,12 (*2 Hss.*).

1) *Geldwechsler:* wehselari ł munizari [(*Jesus*) *eiiciebat omnes vendentes, et ementes in templo, et mensas*] *numulariorum* [, *et cathedras vendentium columbas evertit, Matth. 21,12*] Gl 1,720,44 (*5 Hss.* uuehsalâri). munizz*aro* scrannun *mensas numulariorum* [*ebda.*] 811,19 (*3 Hss.* munizscranna*; zur Glossierung vgl. Steinm., Beitr. S. 35*). munizzari *trapezeta* [*zu:* (*Jesus*) *invenit in templo vendentes boves, et oves, et columbas, et*] *numularios* [*Joh. 2,14*] 740,1 = Wa 79,5, *z. gl. St.* er fand thar mezalara, joh ouh munizara O 2,11,8. munizari *trapezita* [*zu: quos nasci sub signo librae asserunt,*] *trapezitas* [*futuros dicunt; et*] *trapezitas* [*multarum gentium provinciae ignorant, Greg., Hom. I,10 p. 1470*] Gl 2,263,23. munizara *trapezitas* [*ebda.*] 282,45 (*1 Hs.* kouf). muniza*r̄* [*oportuit ergo te dare pecuniam meam*] *nummulariis* [, *et ego veniens recepissem utique quod meum est, cum usura, ebda. I,9 p. 1465 = Matth. 25,27*] 281,19, *z. gl. St.* gilampf thir zi bifelahanne minan scaz munizzerin, inti ih quementi intfieng thaz dar min ist mit pfrasamen T 149,7. munizari [*respice ... in me, domine, quia pecuniam tuam non abscondi, sed supra mensam posui, et in*] *nummulariis* (*Hss. numularius*) [*divisi, Acta apost. IX p. 732*] Gl 2,740,16 = Wa 80,19.

2) *Münzmeister, -präger:* munizzari [*imitantur enim numismata veri regis, quia videntur ad praesens plena pietatis, sed non sunt a legitimis*] *monetariis* (*Hs. monetarius*) [, *id est, probatis et catholicis patribus figurata; nec de cardinali ac publica collationis eorum prodeunt officina, Cassian, Coll. I,20 p. 517A*] Gl 2,153,26. mvnizare *monetarius* 3,246,54. 280,33; *Fehl-*

übers.: munizari [*sordet Christicolis rutilantis fulva*] *monetae* [*effigies, Prud., Psych. 526*] 2,399,74.

3) *Glossenwort:* münzare *trapezita vel colobista* (*vgl. Mlat. Wb. II,874 s. v. collybista*) *vel monetarius* [*Hbr. I,289,272*] Gl 3,139,10 (*1 Hs.* münzmeister *mhd.*). Hbr. I,289,273. Gl 3,185,60. *trapezita* 346,53 (*zum lat. Lemma vgl. Niermeyer, Lex*[2] *S. 1357*). 4,163,41. 237,12. 238,12. *nummularius* 3,374,62. 4,81,51. 152,43. *munchzidol nummularius* 3,396,16. munizære *trapezetas* [*vgl. trapezeta monetarius vel colobista qui nummos foeneratur vel nummularius vel mensularius, Anm.*] 416,5 [HD 1,79 *u. Anm.*]. munizari *nummularius* [*nummorum praerogator, CGL IV,542,50*] 4,8,67.

Abl. munzerse *mfrk.*

munizzôn *sw. v., mhd. nhd.* münzen; *as.* muniton, *mnd.* münten, *mnl.* munten; *ae.* mynetian. – *Graff II,806.*

munizzote: *3. sg. prt.* Gl 1,611,58 (*M*).

muniz-: *1. sg.* **-on** Gl 1,304,2 (*M, 2 Hss., 1 Hs.* -v-); **-un** ebda. (*M, 2 Hss.*); **-en** 3 (*M*); *3. sg. prt.* **-ota** 611,57 (*M, 6 Hss., darunter clm 14689, Hs. 12. Jh., vgl. u.*); *3. pl. prt.* **-otun** O 2,11,13.

municeta: *3. sg. prt.* Gl 1,611,59 (*M, clm 14689, Hs. 12. Jh.*).

1) *Geld wechseln:* (*Jesus*) ziwarf allaz thaz girusti ... Thie disgi, thie thar stuantun, thar sie tho munizotun [*vgl. mensas numulariorum, Marg. nach Matth. 21,12*] O 2,11,13.

2) *Geld prägen, Vok.-Übers.:* munizun *cudo* [*zu: qui* (*die Kritiker*) *me asserunt in septuaginta interpretum sugillationem nova pro veteribus*] *cudere* [*Praef. in Pent. p. XVI*] Gl 1,304,2 (*nach Gl.-Wortsch. 6,234 noch Gll. scribere, condere, fabricare*). munizota, *1 Hs. noch* municeta [*confortavit faber aerarius percutiens malleo eum, qui*] *cudebat* [*tunc temporis, dicens: Glutino bonum est, Is. 41,7*] 611,57.

Abl. munizzâri, -eri.

[far-**munnian** *as. sw. v.*

far-munidis: *2. sg. conj. prt.* Gl 2,589,65 = Wa 104,4 (*Düsseld. F. 1, Gll. 10. Jh.*).

etw. verwerfen, zurückweisen: of thv thi farvvistis than farmunidis thv *damnes, si sapias* [, *anile dogma, Prud., P. Fruct.* (*VI*) *40*] (*damnes entspricht dem imp. 'damna' im Sinne von 'desere', vgl. PL 60, Anm. z. St.*).

Vgl. firmanên, firmanôn, firmonên.]

muno Gl 3,683,45 *s.* mun(i)uua.

munster Gl 3,393,41. 417,74 *s.* munist(i)ri.

munt *st. f., auch* **munta** *st. f.* (*? zur Flexion als* i- *u.* ô-*Stamm s. u.*), *mhd.* munt *st. m. f., nhd.* (*älter*) mund; *as.* mund, *mnd.* mund-, *mnl.* mond-; *afries.* mund, mond; *ae.* mund; *an.* mund. – *Graff II,815.*

Formen der i-*Dekl.:* **munt:** *nom. sg.* Gl 1,400,66 (*M, 2 Hss., 1 Hs.* -v- *u. lat. abl. oder dat.*). 407,33 = Wa 75,11. 408,24 (*Rf*). 650,46 (*M*). 651,50 (*M, 8 Hss.*). 3,252,59 (*SH a2, 2 Hss.*). 4,267,35; *dat. sg.* **-]i** 1,400,66 (*M, 2 Hss.*). O 5,23,29. 59. 131. 173. 185. 195. 207. 221. 233. 243. 257. 271. 285. 297; **-]e** Gl 1,611,11 (*M, 6 Hss.*). 621,1 (*Rb*); *acc. sg.* **-]** 287,65 (*Jb-Rd; oder nom.?*). 710,72 (*2 Hss., 10. oder 11. Jh.*). 2,46,13 (*2 Hss., darunter Sg 299, 9. Jh.*). 5,12,48 (*Augsb., Arch. 6, Gll. 10. Jh.*). S 396,2. O 4,27,20. Ol 32; **mȯnt:** *nom. sg.* Gl 1,651,51 (*M, clm 22201, 12. Jh.*); **miunti:** *dat. sg.* 401,1 (*M, clm 14584, 12. Jh.*). – **mund-:** *gen. sg.?* **-i** Gl 1,650,46 (*M*); *dat. sg.* **-i** 401,1 (*M, Engelb. I 4/11, 12. Jh.*); **-e** 611,12 (*M, clm 14689, Hs. 12. Jh. mit 2 Belegstellen*).

Formen der ô-*Dekl. zu einem endungslosen Nom. Sing.* munt (*vgl. dazu Braune, Ahd. Gr.*[15] *§ 207 Anm. 2 u. As. Hwb. S. 282 s. v.* mund) *oder zu* munta *st. f.* (*so Ahd. Gl.-Wb. S. 424 s. v.* munt, munda)*:* **munta:** *dat. sg.* Gl 2,165,37 (*clm 6277, Hs. 9. Jh.*). – *Hierher auch* (*?*), *oder* -a *aus* -e *als Endung der* i-*Dekl. im Bair.* (*vgl. dazu Braune a. a. O. § 58 Anm. 3*)*:* **munda:** *gen. sg.* Gl 1,650,47 (*M, 3 Hss., alle 12. Jh.*).

munde S 156,15 *s.* munt *st. m.*; mvnt 372,1,2 *s. dort.*

1) *Handbreit oder -spanne* (*als Längenmaß*)*:* munt [*fecit et rationale ... quadrangulum, duplex, mensurae*] *palmi* (*Hss. -mun, verschr.*) [*Ex. 39,9*] Gl 1,287,65 (*darauf* flazziu hant *palma*). munt [*et egressus est vir spurius de castris Philisthinorum nomine Goliath ... altitudinis sex cubitorum et*] *palmi* (*1 Hs. palmus, 5 Hss. -o, vgl. Vercell. 2,254*[b]) [*1. Reg. 17,4*] 400,66 (*nach Gl.-Wortsch. 6,455 1 Hs. noch Gl. sexta pars cubiti*). 407,33 = Wa 75,11 (*Hs. -us*). 408,24 (*Hs. -us*). 4,267,35 (*Hs. -us*). mit munde [*quis mensus est pugillo aquas, et caelos*] *palmo* [*ponderavit? Is. 40,12*] 1,611,11. 621,1. munt [*labia earum* (*der Opfertische*)] *palmi* (*Hss. palmus*) [*unius, reflexa intrinsecus per circuitum: super mensas autem carnes oblationes, Ez. 40,43*] 650,46 (*nach Gl.-Wortsch. 6,450 Hss. auch Gl. quattuor digitos habet, sexta pars cubiti*). munt [*istae autem mensurae altaris in cubito verissimo, qui habebat cubitum, et palmum: in sinu eius erat cubitus et cubitus in latitudine, et definitio eius usque ad labium eius, et in circuitu,*] *palmus* [*unus, ebda. 43,13*] 651,50 (*nach Davids, Bibelgl. S. 303,1219 ist vorausgehendes* palmum *das zugrundeliegende Bezugswort*). spanna (*vel*) munt [*quis autem vestrum cogitans potest adiicere ad staturam suam*] *cubitum unum* [*? Matth. 6,27*] 710,72 (*Parallelhss.* spanna, muntmâli*; zu lat. cubitus 'Elle', aber auch 'Bez. verschiedener Längenmaße' vgl. Mlat. Wb. II,2062,22 u. 35*). spanna ł munt *cubitum* ebda. 5,12,48. munt [*item de corporibus ... sive iugerum, sive perticam, sive etiam cubitum, pedemve aut*] *palmam* (*Hs. -mum*) [*partiri opus habes, praefata ratione facies, Beda, De rat. temp. 1,4 p. 308*] 2,46,13; *hierher auch:* munt *palmula* 3,252,59 (*davor* hant *palma; zu lat. palmula als Maßbez. vgl. DML IX,2090*[a]); *Vok.-Übers. von cubitus 'Ellenbogen':* munta [*vae, quae consuunt pulvillos sub omni*] *cubito* [*manus, Greg., Cura 2,8 p. 27 = Ez. 13,18*] 2,165,37 (*nach Gl.-Wortsch. 6,455 'Elle'*).

2) *Schutz* (*zum Bed.-Zush. mit* 1 *vgl. Kluge, Et. Wb.*[25] *S. 640, Tiefenbach, Stud. S. 81*)*:* nu fliuc du (*Bienenvolk*) ... hera fridu frono in godes munt S 396,2. thaz wir thaz mammunti in thinera munti niazen uns in muate in ewon zi guate O 5,23,29. 59. 131. 173. 185. 195. 207. 221. 233. 243. 257. 271. 285. 297. fon got er muazi haben munt joh wesan lango gisunt Ol 32; *im Reim zu* erdgrunt *'Erdboden' in der Fügung* himilsca munt *'Himmelsdecke'* (*vgl. Kelle 3,415; anders Hartmann, Otfr. S. 218*)*:* tho zeintun woroltenti sines (*Christi*) selben henti, thaz houbit himilisga munt, thie fuazi ouh thesan erdgrunt [*vgl. in cruce caput erectum ad caelos tenuit, Beda, Hom. decoll. Joh.*] O 4,27,20.

Abl. muntôn.

Vgl. Tiefenbach, Stud. S. 78–81. Sousa Costa, Stud. S. 216–223.

munt *st. m., nhd. dial. bair.* mund *Schm. 1,1623; mnd.* mund (*vgl. DRWb. 9,975*); *afries.* mund; *ae.* mund (*s. v.* mund *f.*); *vgl. nhd.* vormund. – *Graff II,813.*

munde: *dat. sg.* S 156,15 (*Preds. A*).

Ehemann (*als Vormund*)*:* uuio uile nu bezzera ist, daz tu (*Witwe*) so sichiriu bist, danne du dinemo munde dienetist [*vgl. quam bonum est te esse securam, quam pati servitium viri, Aug., De cons. mort.*]; *von Heffner S. 110 s. v. fälschlich zu* mund (*angesetzt als* munt) *st. m. 'Mund' gestellt.*

gi-**munt** *st. f.; ae.* gemynd *f. n.; got.* gamunds. – *Graff II,815.*

gi-munt: *acc. sg.* T 138,6. 160,3.

An-, Gedenken: so uuar gipredigot uuirdit thiz euangelium in alleru uueralti, ist giquetan inti thaz thisiu (*Maria, die Jesus mit kostbarem Öl salbte*) teta in ira gimunt *ubicumque praedicatum fuerit evangelium in toto muno, dicetur et quod haec fecit in memoriam eius* T 138,6. (*Jesus zu seinen Jüngern bei der Feier des Paschamahls*)*:* thaz duot ir in mina gimunt *hoc facite in meam memorationem* 160,3.

Abl. gimunten; *vgl.* gimuntīgôn.

munt(-) *s. auch* mund(-).

munta *s.* munt *st. f.*

muntar *adj., mhd.* munder, *nhd.* munter. – *Graff II,817.*

muntar: *Grdf.* Gl 1,9,9 (*RRx*); **můtra:** *nom. pl. m.* 2,242,51 (*clm 27152, Hs. 9. Jh.*).

munderen: *acc. sg. m.* Nc 800,27 [119,12].

eifrig, aufmerksam: muntar *expeditus* Gl 1,9,9. muntra [*sed sunt nonnulli qui dum aestimari*] *hebetes* [*nolunt, saepe se in quibusdam inquisitionibus plus quam necesse est exercentes, ex nimia subtilitate falluntur, Greg., Cura 1,11 p. 11*] 2,242,51. fone iu zuein (*sc. Merkur u. Philologia*) . erfullet sinnigi die mennisken. Ir gebent tien menniskon munderen sin unde zimigen *per vos vigil decensque ... intellectus mentis ... homines complet* Nc 800,27 [119,12].

Abl. munt(a)rî; munt(a)ren; *vgl.* gimunt(a)rida.

munt(a)ren *sw. v.* (*zu* -ên *u.* -ôn *s. u.*), *mhd.* mundern, *nhd.* (*älter*) muntern. – *Graff II,817 f.*

muntr-: *3. sg.* **-it** Gl 2,295,21 (*M, 2 Hss.*); *3. pl.* **-ȧnt** 174,62 (*clm 6277, Hs. 9. Jh.*); *3. pl. conj.* **-en** 176,67. 68 (*beide clm 6277, Hs. 9. Jh.;* -v-). 197,18 (*M, 2 Hss.*). 20 (*M, 2 Hss.*); *2. sg. imp.* **-i** 1,530,30 (*M, 6 Hss.*); *1. pl. imp.* (*adh.*) **-imes** 599,1 (*M, 4 Hss.*); **gi-:** *part. prt.* **-it** 2,755,50.

munt-ir-: *2. sg. imp.* **-i** Gl 1,530,31 (*M*); **-er-:** *2. pl. conj.* **-et** W 33,3. 134,3 [71,5. 239,2/3]; *2. sg. imp.* **-i** Gl 1,530,31 (*M*); *1. pl. imp.* (*adh.*) **-**] 599,2 (*M, clm 22201, 12. Jh.; in* munterwir*; zum Silbenschwund bei nachgesetztem* uuir *vgl. Matzel S. 91, Paul, Mhd. Gr.*[25] *§ M 70 Anm. 7*). – **mundere:** *3. sg. conj.* Gl 2,243,13 (*Sg 218, Hs. 9. Jh.*).

Mit einer Form der ôn*-Konjugation* (*vgl. Krüer S. 21, vgl. dazu Raven I,132*)*:* **gi-muntiratero:** *part. prt. dat. sg. f.* Gl 2,420,9 (*clm 14395, Hs. 10. Jh.*).

Mit einer Form der ên*-Konjugation* (*vgl. Schatz, Abair. Gr. § 150, vgl. dazu Raven I,132. II,244*)*:* **muntr-:** *inf.* **-an** Gl 1,792,19 (*M, 5 Hss.*); *3. pl. prt.* **-etun** 807,7 (*M, 2 Hss., 1 Hs.* -&-); **-&** 8 (*M, 2 Hss.*).

Verschrieben: **muntirtir:** *3. sg.* Gl 4,170,58 (*Sal. d; l.* muntirt, irmuntirt *oder* muntirir[t], *Steinm.*).

1) *jmdn. aus dem Schlaf wecken, mit Akk.:* ih besueron iuuuih, iunkfrouuon ..., daz ir mine uuinion neuuecchet noh nemunteret, unze siu selba uuolle *adiuro vos filiae ... ne suscitetis, neque evigilare faciatis dilectam, quoadusque ipsa velit* [*Cant. 2,7*] W 33,3 [71,5], *ähnl.* 134,3 [239,2/3] (*evigilare facere*); – *Glossen:* muntretun [*et* (*die Jünger*)] *suscitaverunt* [*eum* (*Jesus*), *Matth. 8,25*] Gl 1,807,7. gimuntrit uuart [*interea Avitianus gravi somno sepultus angelo ingruente*] *percellitur* (*percutitur*) [*Sulp. Sev., Dial. 3,4 p. 202,8*] 2,755,50.

2) *jmdn.* (*auch jmds. Herz, Scharfsinn*) *aufrütteln, aufschrecken, antreiben:* muntri [*temetipsum libera: quia incidisti in manum proximi tui. Discurre, festina,*] *suscita* [*amicum tuum, Prov. 6,3*] Gl 1,530,30. muntrimes [*ascendamus ad Iudam, et*] *suscitemus* [*eum, Is. 7,6*] 599,1. muntran (*1 Hs. noch* ł vuechan) [*iustum autem arbitror quamdiu sum in hoc tabernaculo,*] *suscitare* [*vos in commonitione, 2. Pet. 1,13*] 792,19. ni muntrȧnt [*isti iuxta ordinem proprium*] *non excitant* [*corda, Greg., Cura 3,28 p. 83*] 2,174,62. muntren [*quia nimirum necesse est, ut hi qui verba sanctae praedicationis movent, prius studio bonae actionis evigilent, ne in semetipsis torpentes opere, alios*] *excitent* [*voce, ebda. 3,40 p. 100*] 176,67. 197,18. mvntren [*prius se per sublimia facta*] *excutiant* [*, et tunc ad bene vivendum alios sollicitos reddant, ebda.*] 176,68. 197,20. mundere [*quisquis enim ad vivendum aliis in exemplo praeponitur, non solum ut ipse vigilet, sed etiam ut amicum*] *suscitet* [*admonetur, ebda. 3,4 p. 38*] 243,13. muntrit [*quia collocutionis vox corda torpentia plus quam sermo lectionis*] *excitat* [*ders., Hom. II,21 p. 1526*] 295,21. gimuntiratero [*sic*] *excitato* (*Glosse: elevato, vgl. PL 59*) [*perspicax acumine liberque flatu laxiore spiritus rerum parentem rectius praecabitur, Prud., H. ieiun.* (*VII*) *23*] 420,9. muntirtir *hortatur* 4,170,58.

ir-**munt(a)ren** *sw. v., mhd.* ermundern, -muntern, *nhd.* ermuntern. – *Graff II,818.*

ar-muntr-: *3. sg.* **-it** Gl 2,422,5. – **ir-mundrit:** *part. prt.* Npgl 76,4.

ir-mundurtu: *part. prt. nom. pl. n.* Gl 4,345,25 (*Berl. Ham. 231, Gll. 11. Jh.*).

jmdn. (*auch jmds. Herz, Glauben*) *aufrütteln, antreiben, aufrichten, mit Akk.:* gotes irhugeta ih . daz uuas mir lussam . daz teta mir freuui ... *exercitatus* sum (ih uuart mite irmundrit) Npgl 76,4; – *Glossen:* armuntrit [*quod dormientis*] *excitat* [*cordis fidem, Prud., H. ieiun.* (*VII*) *204*] Gl 2,422,5. irmundurtu [*deerat apostolicis scriptis opulentus executor: eligitur locuples facundia, quae doceret orbem, quaeque voluminibus Pauli famulata disputaret, quo mage cruda hominum praecordia*] *perpolita* [*nossent sive timoris opus seu mystica vel profunda Christi, ders., P. Cypr.* (*XIII*) *19*] 4,345,25 (*in interpretierender Übers.*).

ir-**munt(a)rên** *sw. v.* (*auch* -ôn?). – *Graff II,818 s. vv.* armuntarjan, armuntarôn.

ir-muntr-: *2. pl. imp.* **-&** Gl 2,613,40; *3. sg. prt.* **-eta** 1,390,28 (*M, 4 Hss., 3* -&-).

Mit einer Form der ôn*-Konjugation:* **ir-munter-:** *3. sg. prt.* **-ota** Gl 1,390,29 (*M*); **-ote** 30 (*M, 2 Hss.*).

1) *aus dem Schlaf schrecken:* irmuntreta [*nocte iam media*] *expavit* [*homo et conturbatus est, Ruth 3,8*] Gl 1,390,28 (*1 Hs.* irforhten).

2) *innerlich wach werden:* irmuntret [*quin igitur*] *expergiscimini* [*Sall., Cat. 20 p. 166,7*] Gl 2,613,40.

munt(a)rî *st. f.; got.* mundrei (*in anderer Bed.*). – *Graff II,817.*

muntri: *nom. sg.* Gl 2,765,21 (*clm 14747, 9. Jh.*).

mundri: *nom. sg.* Gl 3,7,10 (*Voc.*).

Eifer, Emsigkeit: kerni muntri [(*beatus martyr*) *demonstravit enim geminam ecclesiastici dispensatoris*] *industriam* [*Pass. Steph. 52 a*] Gl 2,765,21. mundri *inostrui* (*l. industria*) 3,7,10.

gi-**munt(a)rida** *st. f.* – *Graff II,818.*

ca-muntrida: *nom. sg.* Gl 1,178,2 (*Pa*).

Verschrieben: **gi-nmuntrido:** *nom. sg.* (*l.* gimuntrida, *Steinm.*) Gl 1,486,6 (*clm 6225, Hs. 9. Jh.*).

Eifer, Emsigkeit: camuntrida arapait *industria labor* Gl 1,178,2. gimuntrido [*nunciatur enim animi tui*] *industria* [*universis gentibus, et indicatum est omni saeculo, quoniam tu solus bonus, et potens es in omni regno eius, Judith 11,6*] 486,6.

muntboro *sw. m., mhd.* muntbor, *nhd.* (*älter*) momber; *as.* mundboro, *mnd.* muntbār, *mnl.* montboor; *ae.* mundbora. – *Graff III,157.*

munt-poro: *nom. sg.* Gl 1,26,11 (*PaKRa*). 3,425,39 (*2 Hss., darunter Sg 299, 9. Jh.*); **-bor-:** *dass.* **-o** 364,35 (*Jd*); *acc. sg.* **-on** 2,13,30 (*Bremen b. 52, 10. Jh.*); *nom. pl.* **-n** 4,154,24 (*2; Sal. c*); *acc. pl.* **-un** 2,23,49 (*clm 19440, 10./11.*). – **mund-poro:** *nom. sg.* Gl 1,268,23 (*K; lat. acc.*); **-bor-:** *dass.* **-o** 2,588,5 = Wa 102,9/10 (*Düsseld. F. 1, Gll. 10. Jh.*); **-e** 1,320,2 (*Jd*). – **mun-boron:** *acc. sg.* Gl 2,19,28 (*clm 23486, Hs. 11. Jh.; zum Dentalschwund vgl. Gröger § 126,2cα u. Franck, Afrk. Gr.*^{2} *§ 128*).

Zu ae. mundboran Gl 2,45,10 *vgl.* Gl 4,683,37. 5,99,37.

Schutzherr, Beschützer, Wächter: muntporo *arcarius* Gl 1,26,11 (*zur Übers. von lat. arcarius 'Schatzmeister' in allgemeinerer Bed. vgl. Splett, Stud. S. 78*). mundporo scirmeo *ultorem defensorem* 268,23 (*zur Übers. ausgehend vom lat. Interpretament defensor vgl. Splett a. a. O. S. 408*). speraspistes protector fidelis quem nos mundbore possumus appellare [*zu: cum Aristaeas eiusdem Ptolemaei, ὑπερασπιστής; et multo post tempore Iosephus, nihil tale retulerint: sed in una basilica congregatos, contulisse scribant, non prophetasse, Praef. in Pentat.*] 320,2. muntboron [*fidum tremuli*] *patronum* (*Hs. protectorem*) [*rite rogabant, auxilium miseris ut ferret civibus ultro, Ald., De virg. 819*] 2,13,30. munboron *patronum protectorem* [*ebda.*] 19,28. muntborun [*hos ... pauper supplex obsecro*] *patronos* [*ebda. 2812*] 23,49. mundboro [*sancte Laurenti, ... allectus urbi*] *municeps*, [*aeternae in arce curiae gestas coronam, Prud., P. Laur. (II) 554*] 588,5 (*zu den Bedd. von lat. municeps vgl. DML VI,1861*^{b}). muntboro *patronus* 3,364,35. 425,39 (*1 Hs.* muntburto). 4,154,24.

Vgl. DRWb. 9,830–832 s. v. momber.

? **muntbürge** *mhd. sw. m.; zum Zweitglied vgl. Splett, Ahd. Wb. I,1,55 s. v.* bergan, *wobei vielleicht an Nachdeutung aus* muntburto *zu denken ist* (*zu* -burg- *als latinisiertem Zweitglied aus* -burt- *vgl. aber auch Sousa Costa, Stud. S. 220*).

munt-puirge: *nom. sg.* Gl 3,662,54 (*Innsbr. 711, 13. Jh.*).

Schutzherr: muntpuirge ł herre *patronus* (*zwischen Verwandtschaftsbez.*).

muntburt *st. f.; as.* mundburd; *ae.* mundbyrd. – *Graff III,163.*

munt-purt: *acc. sg.* Gl 2,761,9 (*clm 19162, Gll. 10. Jh.?*); **-burt:** *dass.* S 324,40 (*Lorscher B.*). – **mundburd:** *acc. sg.* S 319,46 = Wa 17,22 (*Sächs. B.*).

Schutz, Hilfe: muntpurt [*deinde tu, frater mi, specialiter huius sancti*] *patrocinium* [*pro nobis petere non desistas, Vita S. Nic., Praef.*] Gl 2,761,9. so huat so ik thes gideda thes uuithar godas uuilleon uuari ..., so gangu ik is allas an thes alomahtigon godas mundburd S 319,46 = Wa 17,22. 324,40.

Abl. muntburto.

Vgl. Tiefenbach, Stud. S. 78–81, Sousa Costa, Stud. S. 216–223.

muntburto *sw. m.; as.* (*mlat.*) mundiburdus. – *Graff III,159.*

munt-purt-: *nom. sg.* **-o** Gl 3,425,39/40 (*clm 14689, Hs. 12. Jh.; Steinm. erwägt auch die Lesung* -purio, *vgl. die Parallelhss. s. v.* muntboro); **mund-:** *gen. sg.* **-in** 2,302,58 (*M, clm 18140, 11. Jh.*); *nom. pl.?* **-un** ebda. (*M, clm 19440, 10./11. Jh., Wien 2732, 10. Jh.; oder Gen. Sing. wie im Lat.* (*?*)*; zu* -un *als Endung des Gen. Sing. vgl. Schatz, Abair. Gr. § 105b*).

Mit Übergang von u *zu* o (*vgl. Braune, Ahd. Gr.*^{15} *§ 32 Anm. 3; oder auch Einfluss von* muntboro*?*)*:* **muntport-:** *dat. pl.* **-un** Gl 2,445,46 (*clm 14395, Hs. 10. Jh.*); **mund-:** *nom. pl.?* **-un** 302,59 (*M, Wien 2723; lat. gen. sg.*).

Schutzherr, Beschützer: mundpurtin [*quia dum subiecti quilibet*] *patroni* [*perversi perversa exempla conspiciunt, Greg., Hom. II,31,4 p. 1583*] Gl 2,302,58. muntportun [*ex(s)ultare tribus libet*] *patronis* [*Prud., P. Fruct. (VI) 145*] 445,46. muntporto *patronus* 3,425,39/40 (*2 Hss.* muntboro).

Vgl. ?muntbürge *mhd.*

gi-**munten** *sw. v.* – *Graff II,815.*

ki-mundit: *3. sg. prs.* Gl 1,210,32 (*KRa*).

sich erinnern: kimundit kihukit *meminit recordatur.*

Vgl. gimuntīgôn.

Vgl. manôn.

munteo Gl 1,94,31 (*K*) *s.* mutti.

munth, munthe F 6,18. Gl 1,241,28 *s.* mund.

munthêrro *sw. m., mhd.* muntherre, *nhd.* mundherr. – *Graff IV,993.*

munt-herro: *nom. sg.* Gl 3,426,43 (*Florenz XVI.5, 12. Jh.*).

Schutzherr: patronus.

munthilem Gl 1,120,16 (*K*) *s.* mundalôn.

munti Gl 2,170,27 *s.* mammuntî.

-munti *adj. vgl.* mammunti.

-munti *st. n. vgl.* frastmunti.

-muntî *vgl.* frastmuntî, mammuntî.

-muntīgî *vgl.* uuahsmuntīgî.

gi-**muntīgôn** *sw. v.; vgl. ae.* myndgian. – *Graff II,815.*

gi-muntigonne: *inf. dat. sg.* T 4,8.

sich auf etw. besinnen, mit Gen.: (*Gott*) inphieng Israhel sinan kneht, zi gimuntigonne sinero miltidu *suscepit Israhel puerum suum, memorari misericordiae suae.*

muntirtir Gl 4,170,58 *s.* munt(a)ren.

muntmâli *st. n.; zum Zweitglied vgl.* -mâli². – *Graff II,816.*

munt-mali: *acc. sg.* Gl 1,711,1 (*Brüssel 18723, Gll. 10. Jh.*).

Handbreit oder -spanne (als Längenmaß): spanna muntmali [*quis autem vestrum cogitans potest adiicere ad staturam suam*] *cubitum unum* [*? Matth. 6,27*] (*2 Hss.* spanna, munt).

muntman *st. m., mhd.* muntman, *frühnhd.* mundmann (*vgl. DRWb. 9,989–992*). – *Graff II,741.*

munt-man: *nom. sg.* Gl 4,216,37 (*2 Hss., 1 Hs.* -v-). NpNpw 40,10.

1) *Schutzbefohlener:* (*Jesus:*) Iudas min muntman . daz chit der mih chusta . ze demo ih mih fersah ... der mit mir az *homo pacis meae in quo sperabam qui edebat panes meos* NpNpw 40,10.

2) *Schutzherr* (*? vgl. Voetz, Komp. S. 196 f. 198 u. DRWb. 9,992 s. v.* mundmann *II*): muntman *mundibordus* Gl 4,216,37.

-munto *vgl.* foramunto.

muntôn *sw. v., mhd. frühnhd.* munden (*vgl. Schm. 1,1623, DRWb. 9,981*); *ae.* mundian. – *Graff II,814 f.*

munt-: *3. sg.* **-ot** Gl 2,145,40; *3. sg. conj.* **-o** O 3,1,34.

jmdn./etw. verteidigen, schützen, mit Dat.: thoh si (*die Mutter*) iz (*das Kind*) sero fille, nist, ni si avur wolle (suntar si imo munto), theiz iaman thoh ni wunto O 3,1,34; – *Glosse:* muntot [*tales (sc. presbyteri sine examine provecti) regula non admittit, quia quod inreprehensibile est, catholica*] *defendit* [*ecclesia, Conc. Nic. IX p. 117*] Gl 2,145,40.

gi-**muntôn** *sw. v.; ae.* gemundian. – *Graff II,815.*

gi-munton: *inf.* O 1,5,51 (*PV*). – **gi-mundon:** *inf.* O 1,5,51 (*F*).

jmdn. verteidigen, schützen, mit Dat.: er scal sinen druton thrato gimunton.

muntportun Gl 2,445,46 *s.* muntburto.

muntr- *s.* munt(a)r-.

-muntscaf *vgl.* foramuntscaf.

munu- *s.* mun(i)-.

munuua, munuuo *s.* mun(i)uua.

munz- *s. auch* minz-.

munz- *s. auch* muniz-.

munzerse *mfrk. sw. f.; mnl.* munterse; *afries.* munterske; *z. Bildg. vgl. Henzen, Wortb. § 96; vgl. mhd.* münzerin (*vgl. WMU 2,1266*).

munzerse: *nom. sg.* Gl 3,379,16 (*Jd*).

Frau, die Geld münzt, Geldwechslerin (?): *monetaria* (*zwischen* tolnerse *thelonearia u.* meierse *villica*).

Vgl. DRWb. 9,1017 f. s. v. münzersche *u. 9,1014 ff. s. v.* münzer, münzner.

münzmeister *mhd. st. m., nhd.* münzmeister; *mnd.* münt(e)meyster, *mnl.* muntmeester; *afries.* menetemāster.

muns-maist': *nom. sg.* Gl 3,139,12 (*SH A, Prag, Lobk. 434, 13. Jh.*).

Münzmeister: trapezita (*zur Bed. vgl. Niermeyer, Lex.² S. 1357 u. DRWb. 9,1028*).

muodar *st. n., mhd.* muoder, müeder, *frühnhd.* müder (*vgl. DWb. VI,2170*), *nhd.* mieder; *afries.* mōther. – *Graff II,710.*

muodar: *acc. sg.* Gl 2,640,53; **můder:** *nom. sg.* 3,377,32 (*Jd; 2 Belege, 1mal* můd'); **muder:** *dass.* 358,9.

muoter Gl 1,294,21 *s.* muoter.

1) *Leib* (*vgl. Riecke, Med. Fachspr. 2,188*): muodar [*est ... ille malus ... anguis, ... convolvens ... notis longam maculosus grandibus*] *alvom* (*vgl. Thes. I,1801,39 s. v. alvus*) [*Verg., G. III,427*] Gl 2,640,53.

2) *Kleidungsstück für den Oberkörper* (*vgl. Heyne, Hausalt. 3,314*): muder *modercula* Gl 3,358,9. mudercula můder. Cum legis můd*er* non matrem cogites sed uestem 377,32; *zu lat. moder(a)cula vgl. Diefb., Gl. S. 364*[bc].

Komp. ahamuodar.

muodên *sw. v., mhd.* muoden, müeden; *mnl.* moeden, mu(e)den; *ae.* méðian; *vgl. nhd.* (*älter*) müden, *mnd.* mōden, *an.* mœða. – *Graff II,603 f.*

modenne: *inf. dat. sg.* Gl 4,331,33 (*Prag, Domkap. O. 83, 8. Jh.*); **muad-:** *3. sg. conj.* **-ee** S 213,35 (*B*); *part. prs. dat. sg.* **-entamo** Gl 2,307,3 (*Rb*); **muod-:** *2. sg.* **-est** W 120,5 (*BCEFK*) [215,31]; *3. sg.* **-et** Gl 2,508,28 (*2 Hss., 1 Hs.* -&); *3. pl.* **-ant** 11,14 (*2 Hss., darunter Würzb. Mp. th. f. 21, Gll. 9. Jh.?*); *3. sg. conj.* **-e** 290,40 (*M*); **-ege** ebda. (*M; zum* -g- *vgl. Braune, Ahd. Gr.¹⁵ § 310 Anm. 4*); *inf.* **-en** 553,71; *3. sg. prt.* **-eta** 446,65 (*2 Hss.*). S 137,18 (*BB*). W 93,10 (*BCFK*) [173,11]; **-oti** S 137,18 (*WB; zur Schreibung* -o- *für* e *vgl. Schatz, Germ. S. 358,* -i *wahrscheinlich Vokalabschwächung, vgl. a. a. O. S. 363*); **mudente:** *part. prs.* Gl 2,479,15.

muoth-: *2. sg.* **-est** WA 120,5; *3. sg. prt.* **-eda** 93,10.

1) *ermatten, schwach werden:* muode [*ne a praedicationis voce per indigentiam (praedicator)*] *lassetur* [*Greg., Hom. I,17 p. 1499*] Gl 2,290,40. muadentamo [*peregrinationis vero suae comitem, et sanctae praedicationis adiutorem Timotheum ex infirmitate stomachi*] *lassescentem* (*Hs. -iscente, über -e Nasalstrich rad.*) [*non verbo curat, sed medicinali arte reparat, ebda. I,4 p. 1449*] 307,3. muodeta [*tormenta crescunt, dum*] *fatiscit* [*carnifex, Prud., P. Cass. (IX) 68*] 446,65, *z. gl. St.* muodet (*1 Hs. noch am Rand* defecit ermuodeta) 508,28. mudente [*corpus licet*] *fatiscens* (*Glosse: deficiens, vgl. PL 59*) [*iaceat recline paullum, Christum tamen sub ipso meditabimur sopore, ders., H. a. somn. (VI) 149*] 479,15. muoden [*nec post obitum recalescens conpago*] *fatiscere* (*Glossen: resolvi, dissolvi, vgl. PL 59*) [*novit, ders., H. ad exequ. def. (X) 96*] 553,71. za modenne [*esurire namque, sitire, aestuare, algere,*] *lassescere* [*ex infirmitate naturae est, Greg., Ep. II,339,21*] 4,331,33. ich gloubo daz der haltente Christus an dirre werlte lebeta als ein ander mennisco, az, tranc, slief, hungerota, dursta, douita, weinota, suizta, unde arbeitennes muodeta S 137,18. (*der Mönch*) fardolenti nalles muadee edo kelide *sustinens non las*[*s*]*iscat vel discedat* 213,35. daz in hungerota unte dursta, daz er muodeta, daz er gecruciget uuart unte erstarb, daz traf ad humanitatem [*vgl. quod esuriebat, quod sitiebat, quod flebat, quod lassabatur, quod ad ultimum crucifigi et mori poterat, humanitatis opera erant, Haimo in Cant. p. 334B*] W 93,10 [173,11]; *ferner:* 120,5 [215,31].

2) *nachlassen, wirkungslos werden:* muodant [(*Paulus*) *solitudinis deserta penetrans, qua carnalis spurcitiae blandimenta*] *fatescunt* [*et mundani luxus oblectamenta vilescunt, Aldh., De virgin. 265,9*] Gl 2,11,14.

Vgl. Aumann S. 20.

Vgl. unmuodênto.

gi-**muodên** *sw. v.*

ca-modenti: *part. prs.* Gl 2,260,25 (*Melker Bl., Gll. 9. Jh.?*).

ermatten: camodenti [*laborans in fluctibus atque*] *deficiens* [, *subito mentis pondere sum gravatus, Greg., Dial. 4,57 p. 469*].

ir-**muodên** *sw. v., mhd.* ermüeden, *nhd.* ermüden.

ir-muod-: *3. sg.* **-&** Gl 2,542,20 (*vgl.* Beitr. 73,202); **er-:** *3. sg. prt.* **-eta** 508,29; **r-:** *part. prt. acc. sg. n.* **-otiz** 355,17 (*zur Schreibung* -o- *für* e *vgl. Schatz, Germ. S. 357; Schwund des unbetonten* e- *im Präfix*).

1) *ermatten, schwach werden:* muodet, *dazu am Rand* defecit ermuodeta [*zu: tormenta crescunt, dum*] *fatiscit* [*carnifex, Prud., Prud., P. Cass. (IX) 68*] Gl 2,508,29 (*1 Hs. nur* muoden). irmuodet *fatiscit* [*ebda.*] 542,20 (*vgl.* Beitr. 73,202).

2) *ruhig werden* (*von der stürmischen See*)*:* rmuodotiz *lassatum* [*fluctibus aequor ... videre duces, Lucan 5,703*] Gl 2,355,17.

Vgl. unirmuodêntlîh.

-muodêntlîh *vgl.* unirmuodêntlîh.

-muodênto *vgl.* unmuodênto.

muodi *adj., mhd.* müede, *nhd.* müde; *as.* mōthi, *mnd.* môde, moede, *mnl.* moede, mo(d)e, muede; *ae.* méðe; *an.* móðr (*zum Flexionsunterschied vgl. Heidermanns, Primäradj. S. 414*). – *Graff II,603.*

modi: *nom. pl.* Mayer, Glossen S. 77,8 (*vgl.* Glaser, Griffelgl. S. 266,236; *clm 6300, Gll. 8. oder 9. Jh.;* m- *unsicher*); **muad-:** *nom. sg. m.* **-er** O 2,14,7; *dat. sg. f.* **-un** 3,10,30; *acc. sg. m.* **-an** Gl 1,620,24 (*Rb*); **-on** O 3,13,31; *acc. sg. n.* **-az** H 15,2,3; *acc. sg. f.* **-un** O 3,1,22; *dat. pl. m.* **-on** 5,23,94; *acc. pl. m.* **-e** H 15,1,3; **-on** O 1,7,17 (*PV, in F* -a- *aus* o). 4,5,27. 5,21,26; **-un** 2,6,51; **muod-:** *Grdf.* **-e** Nc 838,12 [160,1]. NpNpw 38,12. 142,7. W 52,21 (*BCF*). 23 (*BCFK*) [101,2. 6]; *nom. sg. m.* **-er** Gl 4,126,55 (*Sal. b;* -ů-). 142,58 (*Sal. c;* -v̊-). Thoma, Glossen S. 6,34; *nom. sg. f.* **-iu** Gl 2,417,35. Nc 797,23 [115,22]; *dat. sg. m.* **-emo** Gl 2,600,11 (*M;* -e::|mo, *Rasur von* -mo); *dat. pl. n.* **-en** 350,25 (*nach Ertmer, Juv. S. 296 f. als* armuoden *zu lesen und nicht hierher, s.* 1); *acc. pl. m.* **-a** 539,61; **mouder** (*vgl.* Braune, Ahd. Gr.[15] § 40 Anm. 2c)**:** *nom. sg. m.* 3,502,41; **mȯde:** *Grdf.* S 130,107; **muede:** *dass.* Nb 304,30 [233,4]; **muida:** *nom. sg. n.* Gl 2,419,45 (*zu* -ui- *vgl. Braune, Ahd. Gr.*[15] *§ 40 Anm. 3*). – **muote:** *Grdf.* WK 52,21 (*verschr.?*).

muothe: *Grdf.* WA 52,21. 23.

1) *ermattet, entkräftet, erschöpft, geschwächt:* kichuuicchat muadan *reficite lassum* [*Is. 28,12*] Gl 1,620,24. ar, *am Rand* muoden [*Zachariae coniux mortali germine nuper aevo*] *defessis* (*Hs.* de:fessis *mit Rasur von* f; *l.* de fessis?) [*hausit miracula membris, Juv. 1,75*] 2,350,25 (*vgl.* Ertmer, Juv. S. 296; *zu* ar *für lat. de s.* ur *praep. 'aus'*). muodiu [*gens ... rubris littoribus*] *fessa* [*resederat, Prud., H. ad inc. luc. (V) 60*] 417,35. muida [*corpus licet*] *fatiscens* (*Glosse: deficiens, vgl. PL 59*) [*iaceat recline paullum, Christum tamen sub ipso meditabimur sopore, ders., H. a. somn. (VI) 149*] 419,45. muoda [*morbus ... pestifer, artus qui ... populatur*] *anhelos* [*ders., H. ad exequ. def. (X) 106*] 539,61. muodemo [*ita ex omni parte cruciatibus*] *fesso* (*infirmato*) [*nullae sufficere vires ad tolerantiam poterant, Ruf., Hist. eccl. I,8 p. 67*] 600,11. mouder *lassus* 3,502,41. fessus quasi fissus ..., můder .t. senectute fractus 4,126,55. mv̊der *fessus* 142,58. modi [*ibi (sc. im Tod) requieverunt*] *fessi* [*robore, Greg., Mor. in Job, PL 75,673A = Job 3,17*] Mayer, Glossen S. 77,8 (*zur Zuordnung der Gl. vgl. Glaser, Griffelgl. S. 265,236 Anm. 588*). muoder bin [*da mihi de coctione hac rufa, quia oppido*] *lassus sum* [*Gen. 25,30*] Thoma, Glossen S. 6,34. denez (*l.* denne ez) so eine vuile geduot, so vuird ez sa mȯde unde globet sih *cum (serra) diu fecerit talia, pennas ad se revocat, quia et lassitudine et unda revocatur in pristinum locum* S 130,107. dih ... pittemes daz sc*l*af muat unzi den*ne* muadaz pihebit dera kalauba leoht kaliuhte *te ... precamur, ut sopor mentem dum fessam declinet, fidei lux inluminet* H 15,2,3. tho gisaz er muader [*vgl. Iesus ... fatigatus ex itinere sedebat, Joh. 4,6*] O 2,14,7. irquicki in mir ... thia mina muadun sela 3,1,22. muode uuortene . an dien stegon dero sex tonorum . fore urdruzzi dero stadiorum *sex tonorum conscensionibus . defecta lassitudine stadiorum fatigati . i. ipsi defecti et fatigati* Nc 838,12 [160,1]. nim mir aba dine chestiga uuanda ih fone dinero hantstarchi . irrafsungon muode bin *a fortitudine ... manus tuae ego defeci in increpationibus* NpNpw 38,12; *ferner:* H 15,1,3 (*fessus*). Nb 304,30 [233,4]. NpNpw 142,7. W 52,21 [101,2]; – *mit Gen.:* tu habest kelirnet spuotigo . denchennes muodiu . buocho geladeniu . uuizega uuorteniu . souuaz tie uuisprachonten lerent . in dien uuitchellen *tulisti docilis . i. apta ad discendum . anhelis semper fomitibus . i. sensibus vel lucernis . onerata sacris cartis . i. libris . praescia futuris . quicquid dant agentes . i. disputantes stoasi . i. in porticibus* [*vgl. cum anhelis .i. fatigabundis fomitibus, Rem.*] Nc 797,23 [115,22] (*zum lat. Lemma vgl. Mlat. Wb. IV,97,10 ff.*). suer ouh durh gotes uuillon dirro uuerlt arbeite (*l.* uuerltarbeite) muode ist, uuie mag er ze meron ruouuon cuman, danne daz er uolle cume ad fontem totius boni? [*vgl. haec fessis requies, Expos.*] W 52,23 [101,6].

2) *elend, unglücklich, auch bedürftig:* thie hungorogun, muadon gilabot er (*Gott*) in ewon; thie odegun alle firliaz er itale [*vgl. esurientes, Marg. nach Luc. 1,53*] O 1,7,17. hilf mir (*der kanaanäischen Frau*) ... ginado in therera riuwi thinera muadun thiuwi 3,10,30. waz hilfit ... then muadon man, ther hiar (*auf der Erde*) geheret so fram, thaz sint imo untar henti ellu woroltenti; oba er in thia wila firliusit sina sela [*vgl. quid ... proficit homini, Marg. nach Matth. 16,26*] 13,31. biscirmi, druhtin, thanana (*sc. vor der Hölle*) thie thine liebun thegena, ouh unsih muadon alle fon sulichemo falle 5,21,26; *ferner:* 2,6,51. 4,5,27. 5,23,94.

Komp. fartmuodi; *Abl.* muodî, muodihhila, muoding; muodên.

[Woitkowitz]

muodî *st. f., mhd.* müede, *frühnhd.* müde (*vgl. DWb. VI,2620*), *nhd. dial. schweiz.* müedi *Schweiz. Id. 4,92; mnl.* moede, muede; *an.* mœði. – *Graff II,603.*

muodi: *dat. sg.* Gl 2,406,62. 465,65 (*3 Hss.*). 477,61. ebda. Anm. 7. 549,48 (*vgl.* Beitr. 73,204). 4,632,42.

Verstümmelt: **mu..:** *dat. sg.* Gl 2,477,61 Anm. 7 (*clm 18922, Gll. 10. u. 11. Jh.; Ansatz von* muodi *ausgewischt*).

Entkräftung: muodi [*nam dum praecalidos igniculos sibi solvendis adolent et*] *senio* (*Glosse: mundi, id est idolorum, vgl. PL 60*) [*et gelu, Prud., Symm. I, Praef. 68*] Gl 2,406,62. 465,65. 477,61. ebda. Anm. 7. 549,48. 4,632,42.

muodihhila (*st. sw.?*) *f.; zur Bildg. vgl. Kluge, Stammb. § 45. – Graff II,603.*

muodichila: *nom. sg.* Gl 2,237,50 (*Zürich Rhein. 35, Hs. 9./10. Jh.*).

arme, elende Frau: muodichila *paupercula* [*tempestate convulsa, Greg., Cura 3,2 p. 36 = Is. 54,11*].

muoding *st. m., mhd.* müedinc, *nhd. dial. schweiz.* müedi(n)g *Schweiz. Id. 4,92; mnd.* môdinc. – *Graff II,603.*

muod-inch: *nom. sg.* Np 70,19; **-ingen:** *dat. pl.* Nb 22,19 [18,16].

armer, elender Mensch: uuaz ist tien muodingen . daz sie die geuualtigen furhtent? *quid tantum mirantur miseri . i. insipientes . saevos tyrannos . furentes sine viribus* Nb 22,19 [18,16]. muodinch Adam . du uuoltost imo (*Gott*) gelih sin [*vgl. Adam miser, Aug., En.*] Np 70,19.

muoen *sw. v., mhd.* müejen, müe(we)n, *nhd.* mühen; *mnd.* môyen, mo(y)gen, *mnl.* mo(e)yen; *vgl. got.* afmauiþs. – *Graff II,600 ff.*

mo-: *3. sg.* **-id** Gl 1,264,34 (*K*); **-&** ebda. (*Ra*); **ki-:** *part. prt.* **-t** 2,199,48. – **ke-moathe:** *part. prt. nom. pl. m.* Gl 1,156,10 (*K*). – **mua-:** *3. pl. prt.* **-tun** Oh 71; **ka-:** *part. prt.* **-it** Gl 2,312,30 (*Rb*). – **muo-:** *2. sg.* **-st** Nb 58,11 [48,12]; *3. sg.* **-it** Gl 2,204,15. 212,64 (-ů-). 226,72 (*S. Flor. III 222 B, Gll. 9. Jh.?*). 444,4 (*2 Hss., 1 Hs.* -vo-). 539,77. 657,31; **-t** Npw 42,2. 106,25. Cant. Deut. 24; *2. sg. prt.* **-tos** Gl 1,405,16 (*M, 2 Hss.; zur Zuordnung vgl. auch Raven I,133, vom Gl.-Wortsch. 6,468 zu* muotôn *gestellt*); **-thest** 27 (*M, clm 14689, Hs. 12. Jh.; zur Zuordnung vgl. auch Raven I,133, vom Gl.-Wortsch. 6,467 zu* muoten *gestellt*); *3. sg. prt.* **-ta** 400,44 (*M, 6 Hss., 1 Hs.* -vo-, *vgl.* Gl 5,91,17). 2,437,24 (*2 Hss.; lat. prs.*). 670,21 (-a *aus* o *korr.; lat. prs.*). Npw Cant. Deut. 25; *3. sg. prt. conj.* **-ti** Gl 2,436,22 (*2 Hss.*). 652,49; **ke-:** *part. prt.* **-t** Nb 18,8 [14,26]. Npw 105,33; **ga-:** *dass.* **-t** Gl 2,762,26; **gi-:** *dass.* **-it** 1,706,13 (*M*). 2,267,57/58 (*M*); **-t** 1,706,13 (*M*). 2,660,10; *nom. sg. m.* **-ter** 3,239,10 (*SH a2;* -v̊-); **-to** 2,651,27 (*voc.*); **ge-:** *Grdf.* **-t** Npw 106,39. – **mu-:** *1. sg.* **-o** Gl 2,666,32. 4,232,25 (-v̊). 26 (-v̊); *2. sg.* **-est** 2,487,11; *3. sg.* **-it** 4,15,51 (*Jc*); *3. pl.* **-ent** O 5,23,167; *3. pl. conj.* **-en** 153 (*FP, in V* -e- *aus* a *korr.*); *part. prs. nom. pl. m.* (*?*) **-ton** Gl 1,704,29 (*M, clm 22201, 12. Jh.; zu* -u- *für* uo *vgl. Matzel S. 71; zu* -u- *statt* uoe *vgl. in ders. Hs.* glunthis *aestuantis* Gl 1,657,59, *zum Schwund des* -n- *vor* t *vgl. a. a. O. S. 101, zu* -on *vgl. a. a. O. S. 107; Raven I,132 erwägt Verschr. für* muont*; zur Zuordnung zu* muoen *vgl. Gl.-Wortsch. 6,458; nach Matzel S. 101 mit Dentalausfall und Apokope wohl zu* muoten); *2. sg. prt.* **-tos** 1,405,27 (*M; zur Zuordnung vgl. auch Raven I,133, vom Gl.-Wortsch. 6,468 zu* muotôn *gestellt*); **gi-:** *part. prt.* **-it** 267,57 (*M, 2 Hss.*); **ge-:** *nom. sg. m.* **-et**[s] 3,239,10 (*SH a2;* -v-).

muoh-: *3. sg.* **-et** Np 42,2. 106,25. Cant. Deut. 24; *3. sg. conj.* **-e** 31,7; *1. sg. prt.* **-ta** 68,4; *3. sg. prt.* **-ta** Cant. Deut. 25; *3. pl. prt.* **-ton** 93,5 (*Ausg.* K.-T. 9,348,17 *irrtümlich* -ten); **ke-:** *part. prt.* **-et** 105,33; **ge-:** *dass.* **-et** 106,39; **muh-:** *3. sg.* **-et** Nb 245,19 [195,9] (-&, *vgl.* K.-T. 3,195,9 Anm.). Nc 714,19 [31,9]; *3. sg. conj.* **-e** 710,23 [27,5]; *3. sg. prt.* **-te** Gl 1,400,46 (*M*); *zu* -h- *vgl. Braune, Ahd. Gr.*[15] *§ 359 Anm. 4.*

muogentemo: *part. prs. dat. sg. m.* Gl 2,444,5 (*2 Hss., 1 Hs.* -vo-); **ge-mugte:** *part. prt. nom. sg. m.* 611,65; *zu* -g- *vgl. Braune a. a. O.*

Verschrieben: **gi-onuot:** *part. prt.* Gl 1,706,14 (*M, 2 Hss.*).

Hierher wohl auch: **moita:** *3. sg. prt.* Gl 2,660,16 (*clm 18059, Gll. 11. Jh.; lat. prs.*); *zum Vokalismus für germ.* ô *vgl. Velthuis S. 6, Schatz, Abair. Gr. S. 19, ders., Ahd. Gr. § 26; zur Zuordnung vgl. Raven I,133, Ahd. Gl.-Wb. S. 425, vom Gl.-Wortsch. 6,458 zu* muoen *u. 466 zu* muoten *gestellt.*

Hierher auch, verschr. (*?*), *oder zu* muoten, muotôn *'verlangen, fordern'* (*?*): **můtotist:** *2. sg. prt.* Gl 1,405,27 (*M, clm 22201, 12. Jh.; zur Zuordnung vgl. Raven I,133, Ahd. Gl.-Wb. S. 425, nach Matzel S. 88 zu* muoten, *vom Gl.-Wortsch. 6,468 zu* muotôn *gestellt*); **muotot:** *part. prt.* 706,15 (*M, Göttw. 46/103, Gll. 12. Jh.* (*?*)*; zum Part. Praet. ohne* gi- *vgl. Braune a. a. O. § 323 Anm. 2 f.; zur Zuordnung vgl. Raven I,133, Ahd. Gl.-Wb. S. 425, vom Gl.-Wortsch. 6,468 zu* muotôn *gestellt*); **muotta:** *3. sg. prt.* 2,660,12 (*clm 18059, Gll. 11. Jh.* (*?*)*; lat. prs.; zu* -tt- *vgl. Braune a. a. O. § 164 mit Anm. 3, Velthuis S. 29 u. 96 f.; zur Zuordnung vgl. Raven I,133, Ahd. Gl.-Wb. S. 425, vom Gl.-Wortsch. 6,467 zu* muoten *gestellt*).

muotin S 1,1 *s.* môtian *as.*

1) *jmdn. seelisch oder körperlich quälen, peinigen, mit Akk.:* inno . daz ouh tu gesculdigotiv . fone lukken leidungon . kemuot uuerdest . unde in not praht uuerdest? *an ut tu quoque mecum rea . agiteris falsis criminationibus?* Nb 18,8 [14,26]. uuaz muost tu mih lio tageliches . mit tinen chlagon? *quid tu homo agis me ream cottidianis querelis?* 58,11 [48,12]. muhet sie zorn *ira ... flagellat mentem* 245,19 [195,9] (*vgl.* K.-T. 3,195,9 Anm.). menniscon chunne ... daz unguissiu gedingi muhet *incerta spes fatigat* [*vgl. affligat ipsum mortale genus, Cod. Bern B56*] Nc 714,19 [31,9]. ziu bin ih unfro . danne mih der tiefel muohet mit temptationibus (chorungon)? *quare tristis incedo dum affligit me inimicus?* NpNpw 42,2. so ... gediemuoton sie dinen liut ... unde muohton mite dine erbe . dine fideles *populum tuum ... humiliaverunt . et hereditatem tuam vexaverunt* Np 93,5 (*Ausg.* K.-T. 9,348,17 *irrtümlich* -ten); *ferner:* Nc 710,23 [27,5]. NpNpw 105,32/33. 106,39 (*beide vexare*). Cant. Deut. 24. 25. Np 31,7; – *Glossen:* uuernet moid thuinkit *vexat fatigat adfligit* Gl 1,264,34. muota *exagitabat* [*eum (Saul) spiritus nequam, 1. Reg. 16,14*] 400,44. muotos [(*Samuel zu Saul:*) *quare*] *inquietasti* [*me, ebda. 28,15*] 405,16. muton [*hii ... confidentes in stabilitate murorum ... remissius agebant maledictis*] *lacessentes* [*Iudam, 2. Macc. 12,14*] 704,29 (*8 Hss.* skeltan*; zum lat. Lemma vgl. DML V,1534*[c]). gimuoit vuerđ [*eligens nobiliter mori potius, quam ... indignis iniuriis*] *agi* [*ebda. 14,42*] 706,13 (*1 Hs.* gihabt werdin). muoit [*ut tanto districtius in paupere elationem feriat, quanto eum tumor elationis*] *infestat* [*, nec illata paupertas inclinat, Greg., Cura 3,2 p. 36, La. Anm. i*] 2,204,15. 212,64. 226,72. gimuit *tribulabitur* [*... fortis, ders., Hom. I,1 p. 1439 = Soph. 1,14*] 267,57. muogentemo [*non penetrabitur interior*] *exagitante* (*Glosse: fatigante, vgl. PL 60*) [*dolore animus, Prud., P. Eul. (III) 95*] 444,5. muest [*o ... serpens, qui ...*] *agitas* [*quieta corda, ders., H. a. somn. (VI) 144*] 487,11. gemugte *fatigatus* [*a fratre ... in partem alteram transductus est, Sall., Iug. 11 p. 234,2*] 611,65. gamuot [*Christus vero quod mali vobis (den Ju-*

den) fecit ...] *lacessitus* [*est a vobis pervicaciter, Sermo in Nicol., Predigt zu Luc. 19,12, vgl. Digitalisat der Hs.*] 762,26. muit kiscutit *quassat* [*vexat concutit, CGL IV,558,53*] 4,15,51. ih mv̊ *afficio* 232,25. *affligo* 26; – *reziprok: einander quälen:* ni bristit thoh in thes thiu min, ni sie sih hazzon untar in, ni sie sih io muen mit managemo wewen O 5,23,153.

2) *etw./jmdn. hetzen, treiben:* iagota ł muota [*campestre vago nuper pecus e grege captum, quod pavor indomito corde ferinus*] *agit* [*Prud., P. Hipp.* (*XI*) *94*] Gl 2,437,24. gimuoto [*nate, Iliacis*] *exercite* [*fatis, Verg., A. III,182*] 651,27. muoti [*hortamur, quae* ...] *agitet* (*vgl. vexet, Serv.*) [*fortuna fateri, ebda. 609*] 652,49. muoit [*quae te fortuna*] *fatigat* [*ebda. VI,533*] 657,31. gimuot [(*Amata*) *non cursu segnior illo per medias urbes*] *agitur* [*populosque feroces, ebda. VII,384*] 660,10. muotta [*furiisque accensas pectore matres idem omnis simul ardor*] *agit* [*nova quaerere tecta, ebda. 393*] 12. moita [*reginam Allecto* ...] *agit* [*ebda. 405*] 16. muota [*equos ... Turnus* ...] *quatit* [*ebda. XII,338*] 670,21.

3) *jmdn.* (*auch sich*) *schwächen, mit* (*refl.*) *Akk.:* ih muohta mih ruofendo *laboravi clamans* Np 68,4; *Glossen:* unkiuurt*i*ke kemoathe irmoade suhdige *fessis lassis fatigatis infirmis* Gl 1,156,10. ist kamuait [*ne* (*praedicator*) *a praedicationis voce per indigentiam*] *lassetur* [*Greg., Hom. I,17 p. 1499*] 2,312,30. gimv̊ter *fatigatus* 3,239,10.

4) *jmdn. vernichten:* muoti [*Roma secesserat* ... *ut*] *quateret* (*Glosse: puniret, vgl. PL 60*) [*populos, Prud., P. Hipp.* (*XI*) *42*] Gl 2,436,22. muoit [*Maximianus* ... *pectora cur generosa*] *quatit* (*Glosse: persequitur, vgl. PL 60*) [*? ders., P. Eul.* (*III*) *85*] 444,4. muoit [*spurcum latronem martyrum virtus*] *quatit* [*ders., P. Calag.* (*I*) *106*] 539,77.

5) *etw. schütteln, mit Akk.:* kimot uuirdet [*cogitationum procellis navis cordis*] *quatitur* [*, huc illucque incessanter impellitur, Greg., Cura 1,9 p. 10*] Gl 2,199,48. der dunstigo uuint . der daz scef muohet NpNpw 106,25.

6) *sich abmühen, mit refl. Akk.:*

a) *sich mit etw. abmühen, mit Dat.:* muatun sie sih thrato thero iro selbun dato (*beim Turmbau zu Babel*) Oh 71;

b) *sich um etw. bemühen, mit Präp.verb.:* thio fruma then thar bluent, thie sih zi thiu hiar muent O 5,23,167 (*in Erdm., Ausg. Druckfehler* si); *Glosse:* ni muo mih [*nil super imperio*] *moveor* [*Verg., A. X,42*] Gl 2,666,32.

Abl. muoento; muoî, muosal, muounga; muodi, muolîh; *vgl.* ungimuoit.

[Woitkowitz]

gi-**muoen** *sw. v., mhd.* gemüejen, *nhd. dial. schweiz.* g^e^müeje^n^ *Schweiz. Id. 4,138 f.* – *Graff II,602.*

gi-muoan: *inf.* Gl 2,601,54 (*M*). – **gi-muist:** *2. sg.* Gl 2,419,44.

gi-mouit: *3. sg.* Gl 2,406,6.

1) *jmdn. bedrängen, peinigen:* gimuist [*o* ... *serpens, qui* ...] *agitas* [*quieta corda, Prud., H. a. somn.* (*VI*) *144*] Gl 2,419,44; *reziprok:* gigruozan gimuoan [*qui confligentes ad invicem primo conviciis*] *lacessire* [*, tum deinde et saxis invicem sternere, Ruf., Hist. eccl. II,20 p. 159*] 601,54.

2) *etw. matt machen:* gimouit *lasset* [*-que gravem sua crapula ventrem? Prud., Ham. 324*] Gl 2,406,6.

Abl. gimuoida.

hina-**muoen** *sw. v.* – *Graff II,601 s. v.* môjan.

hina-muohet: *3. sg.* Np 83,3 (*zu -h- vgl. Braune, Ahd. Gr.*[15] *§ 359 Anm. 4*).

sich abmühen, fortzugelangen; sich fortsehnen, mit refl. Akk.: uuieo guot sament dir zeuesenne ist . dar nehein pressura neist. Hinagerot (*in Hs. getrennt geschr.*) . hinamuohet (*in Hs. getrennt geschr.*) sih min sela. Vuara? (in gotes frithoua) *concupiscit et deficit anima mea . in atria domini* [*vgl. quo deficit? Aug., En.*] (*zu lat. deficere in 'sich vor Verlangen nach etw. verzehren' vgl. Thes. V,1,329,27; zur Übers. des lat. Lemmas durch Notker vgl. noch* fir-quelan *st. v.*).

ir-**muoen** *sw. v., nhd.* (*älter*) ermühen. – *Graff II,602.*

ar-mo-: *part. prt. nom. pl. m.* **-ite** Gl 1,110,35 (*Pa*); **-te** ebda. (*Ra*); **ir-:** *dass.* **-ite** ebda. (*K*). – **ar-moade:** *part. prt. nom. pl. m.* Gl 1,156,11 (*Pa*); **ir-:** *dass.* ebda. (*K*). – **ar-mua-:** *part. prt. acc. pl. m.* **-te** H 14,3,3; **ir-:** *Grdf.* **-it** O 2,14,3 (*PV, P* yr-, *in V* h *zwischen* u *u.* a *ausgekratzt*). – **ar-mu-:** *part. prt. nom. pl. m.* **-tæ** Gl 1,156,11 (*Ra*); **ir-:** *Grdf.* **-it** OF 2,14,3.

nur im Part. Praet. belegt: entkräftet, ermüdet (*von etw.*)*:* armoite farprohane armoite suhtike *defessi fatigati vel infirmi* Gl 1,110,35. uncauuurtikem edo (*K* kemoathe) armoade suhtige *fessis lassis fatigatis infirmis* 156,11; – *erw. mit Gen.:* thera ferti er ward irmuait, so ofto farantemo duit [*vgl. fatigatus ex itinere, Joh. 4,6*] O 2,14,3; *erw. mit Akk. nach lat. Vorlage:* (dina scalcha) harbeiti armuate tages stille naht intfahe (*tuos famulos*) *labores fessos diei quietos nox suscipiat* H 14,3,3 (*zum lat. Akk. vgl. Thes. VI,1,610,5, vgl. aber auch La. labore, Ausg. Walpole*).

Abl. irmuotî.

muoento *adv., nhd.* mühend (*vgl. DWb. VI,2634 s. v.* mühen). – *Graff II,601 s. v.* môjan.

muhendo: Nc 709,22 [26,1] (*zu -h- vgl. Braune, Ahd. Gr.*[15] *§ 359 Anm. 4*).

plagend: diu ... drati dero selbon uuazero ... fuorta sie (*fortunas*) ze tale ... so drato daz ... dia (*fortunam*) ein aha lango muhendo ferchnisti . anderiu uzuuurfe *undarum* ... *rapiditas . singulas quasque* ... *pertrahebat . ita ut* ... *quam* (*fortunam*) *ille* (*amnis*) *exercitam longa collisione vexarat . alter aut ripae redderet* (*zu Notkers Wiedergabe eines adjekt. gebrauchten Part. Perf. durch ein adverbial gebrauchtes Part. Präs. vgl.* heftendo *adv.*).

muogentemo Gl 2,444,5 *s.* muoen.

muoh- *s.* muo-.

muoî *st. f., mhd.* müeje, *nhd.* mühe; *mnd.* môye, *mnl.* moeye. – *Graff II,602 f.*

muohi: *nom. sg.* Np 105,30; *acc. sg.* 98,8; **muhi:** *nom. sg.* Nb 305,5 [233,7]; *gen. sg.* 285,20 [220,5]; *dat. sg.* 290,22 [223,9]; *zu -h- vgl. Braune, Ahd. Gr.*[15] *§ 359 Anm. 4.*

Mühsal, Bedrängnis: nu gesiho ih ... taz ... fone muhi des langes antuuurtes . tih aber suozes sanges langet *sed video te ... rationis prolixitate fatigatum . aliquam carminis exspectare dulcedinem* Nb 290,22 [223,9]. mir ist taz rauua . nals muhi *fuerit mihi quietis loco* 305,5 [233,7]. dannan gestilleta ... diu muohi *cessavit quassatio* Np 105,30 (Npw muosal); *ferner:* Nb 285,20 [220,5] (*adversa*). Np 98,8.

gi-**muoida** *st. f.* – *Graff II,602 u. 611.*

gi-muogide: *dat. sg.* S 144,18 (*BB*); **ge-:** *dass.* ebda. (*WB*); *zu* -g- *vgl. Braune, Ahd. Gr.*[15] *§ 359 Anm. 4.*

Drangsalierung: ich habe gisundot ... in leitsamungo, in uiantsceften, in aller slahte gimuogide, unde tarehafti.

muolboū Gl 3,503,13 *s.* môrboum.

muolîh *adj., mhd.* müelich, *frühnhd.* mülich (*vgl. DWb. VI,2641 s. v.* mühlich), *nhd. dial. schweiz.* müe(je)li^{ch} *Schweiz. Id. 4,138; mnd.* môyelīk, *mnl.* moey(e)lijc.

mů-licher: *nom. sg. m.* Gl 3,239,5 (*SH a2, Wien 2400, 13. Jh.*); **-ligher:** *dass.* ebda. (*SH a2, clm 2612, 12. oder 13. Jh.; -v̊-; -gh- verschr.?*).

lästig, widerwärtig: fastidiosus.

muolt Gl 4,101,16 *s.* molt[2].

muolta, multa (*st. sw.?*) *f., mhd.* muolte *sw. f.*, mulde *st. sw. f., nhd.* mulde; *mnd.* molde, mōlde, *mnl.* moude, mouwe; *wohl aus lat.* mulctra (*vgl. Frings, Germ. Rom. II,331 f.*).

Ab 11. Jh. belegt. Belege im Nom. Sing., wenn nicht anders vermerkt.

můlt-: -a Gl 3,167,17 (*SH A*). 213,6 (*SH B*). 697,18 (-v̊-); -] 167,17 (*SH A*). – **můlde:** Gl 3,370,51 (*Jd*).

multa: Gl 3,313,12 (*SH e*). – **muld-: -a** Gl 3,167,18 (*SH A*); **-e:** 218,12 (*SH B, Anh.*).

molta: Gl 3,303,27 (*SH d; -o- auf Rasur*). – **mold-: -a** Gl 4,200,16 (*sem. Trev., 11. Jh.;* m^ᵘolda); **-e** 3,718,8 (*Berl. Lat. fol. 735, 12. Jh.*).

Mit lat. Endg.: **můldam:** *acc. sg.* Gl 4,414,22 (*Berl. Lat. 4° 674, Hs. 13. Jh.*); *hierher oder Lat.* (*? Vgl. Steinm., Anm. zu* Gl 4,180,36; *vgl. aber u.* 1 *zu* Gl 3,218,12)*:* **multm̄:** Gl 4,180,36 (-t- *auf Rasur*); **mltū:** 183,9 (*beide Melk K 51, 14. Jh.*).

1) *Trog, Wanne* (*bes. für Mehl u. Teig, auch für Flüssigkeiten*)*:* můlta *capisterium* Gl 3,167,17 (*3 Hss.* muolter, multra, multer). 213,6 (*beide im Abschn. De pistrino*). 697,18. 718,8 (*Hs. capis, für capisterium, vgl. Mlat. Wb. II,218,55; unter Bez. der Brauerei*). 4,183,9 (*oder lat., s. Formenteil; 1 Hs.* muolter). 200,16. mulde *multa* (*d. i. mulctra? Vgl. Thes. VIII,1565,79*) [*vgl. mulctrum, quod in eo mulgeatur lac, Is., Et. XX,6,7*] 3,218,12. *minola* (*Hs.* miu-) molta. uas pistorum 303,27. můlde *sedacium* 370,51 (*im Abschn. De rebus pistrini et horrei*); *hierher wohl auch* (*vgl. Mlat. Wb. I,525*)*:* mult*vm alveola* 4,180,36 (*s. Formenteil; 1 Hs.* muolter).

2) *Napf, Schüssel:* multa *conca ł concula* Gl 3,313,12 (*1 Hs.* muscula ł label). iste in můldam ponatur et aqua cum betonia et kerbela modice cocta in idem uas fundatur [*Hildeg., Heilm. S. 52,151*] 4,414,22.

Abl. muoltilîn, moldikîn *as.*; *vgl.* muolt(e)ra.

muolter *s.* muolt(e)ra.

muolt(e)ra, muolter, mult(e)ra, multer, mulhtra *st.* (*auch sw.?*) *f., mhd.* mu(o)lter *sw. st. f., nhd.* (*älter*) multer; *wohl Vṛddhi-Bildg. zu* maltar (*vgl. Darms, Schwäher S. 247–251*), *beeinflusst durch lat.* mulctra (*vgl. Frings, Germ. Rom. II,331 f.*). – *Graff II,727.*

muoltr-: *nom. sg.* **-a** Gl 1,665,27 (*M, 2 Hss.*). 3,628,39. Meineke, Ahd. S. 28,97 (*Sal. a1; -v-*); *dat. sg.* **-o** Gl 1,814,66 (*M, 3 Hss.*); *acc. sg.* **-a** 67 (*M; oder nom.?*). 2,252,57 (*M, 2 Hss.*); **můltra:** *nom. sg.* 4,173,38 (*Sal. e;* -ṫ). 215,6 (*2 Hss.*); **mòltra:** *dass.* 3,658,37. – **muolter-:** *nom. sg.* **-a** Gl 3,496,6. 631,27; **-e** 667,23; *acc. sg.* **-a** 1,814,67 (*M; oder nom.?*); **můlter-:** *nom. sg.* **-a** 3,333,21 (*SH g*); **-e** 4,213,57 (*2 Hss.;* -v̊-); **mòltera:** *dass.* 3,333,21 (*SH g, 2 Hss.*).

můlter: *nom. sg.* Gl 3,167,16 (*SH A;* -v̊-, -^{s}). 4,180,36. 183,9 (-^{s}). Hbr. I,369,379 (*SH A*).

multra: *nom. sg.* Gl 3,167,16 (*SH A;* -v-). 4,43,44 (*Sal. a1*). – **multera:** *nom. sg.* Gl 3,265,3 (*SH b*). 4,43,44 (*Sal. a1, 3 Hss.*).

multer: *nom. sg.* Gl 3,167,17 (*SH A*). 699,19. 4,43,45 (*Sal. a1*).

mulhtra: *nom. sg.* Gl 4,168,60 (*Sal. d, clm 23496, 12. Jh.; zu* -h- *vgl. Pfeifer, Et. Wb.*[2] *S. 896; anders Darms a. a. O. S. 248 f.*).

1) *Trog, Mulde, Wanne* (*bes. für Korn, Mehl, Teig*)*:* muoltra [*praedicta nutrix illius ad purgandum triticum a vicinis mulieribus praestari sibi*] *capisterium* [*petiit, Greg., Dial. 2,1 p. 209*] Gl 2,252,57. mvltra *capisterium* 3,167,16 (*3 Hss.* muolta, multa*; im Abschn. De pistrino*). 333,21. 496,6. 628,39 (*nach* chuirna, chuuirnstein). 631,27 (*unter Mühlentermini*). 658,37 (*zwischen* sip, harsip *u.* troc). 667,23 (*vor* ritere, sip). 699,19 (*nach* phanna, choph). 4,43,44. 168,60. 173,38. 183,9. 213,57. Hbr. I,369,379 (*im Abschn. De pistrino*). Meineke, Ahd. S. 28,97; *hierher wohl auch* (*vgl. Mlat. Wb. I,525; vgl. aber* Gl 1,665,27. 814,66 *unter* 2)*:* multera *alveola* Gl 3,265,3. 4,180,36 (*1 Hs.* multm̄ *s.* multa).

2) *Schüssel, Napf:* muoltra [*Abacuc propheta ... coxerat pulmentum et intriverat panes in*] *alveolo* (*Hs. -um*) [*Dan. 14,32*] Gl 1,665,27. muoltro *alveolo* [*ebda.*] 814,66. můltra gelleta *gallosa* (*d. i. galeola, Steinm.*) 4,215,6.

Vgl. muolta, multa.

muoltilîn *st. n.*

mu:altilin: Gl 2,497,5 (*Sg 292, 11. Jh.; Rasur von* -l-, -ili- *unsicher*).

kleine Schüssel: mualtilin skibahten [*zu: vellere non ovium, sed Eoo ex orbe petitis ramorum spoliis fluitantes sumere amictus gaudent et durum*] *scutulis* (*vestibus; Glosse: variatis, scutulatis vestibus, vgl. PL 59*) [*perfundere corpus, Prud., Ham. 289*]; *Vok.-Übers. von scutula als 'Schüsselchen' gegen die Kontextbed. 'Gewand mit rautenförmigem Gewebemuster'* (*vgl. dazu u. zur Bildg. als möglicher Lehnübers. Lauffer S. 314*).

muoltra *s.* muolt(e)ra.

muoma *sw. f.* (*zur Bildg. vgl. Darms, Schwäher S. 239 ff.*), *mhd.* muome, *nhd.* muhme (*zur Bedeutungsentwicklung vgl. DWb. VI,2644 ff., bes. Sp. 2645*); *as.* mōma, *mnd.* môme; *vgl. mnd.* mône, *mnl.* moene, *an.* móna. – *Graff II,728.*

moma: *nom. sg.* Gl 1,344,48 (*Sg 9, 9. Jh.*). 4,257,29 (*Leiden 191 E, 12. Jh.*). – **muama:** *nom. sg.* Gl 1,284,39 (*Jb-Rd*). Mayer, Glossen S. 86,9 (*oder gen. sg.* (*so lat.*) *u. damit st. flekt.?*); **muom-:** *dass.* **-a** Gl 1,344,47 (*Sg 295, Gll. 9./10. Jh.?*). 3,424,26. Nc 690,29 [5,3]; *gen. sg.* **-un** Gl 1,351,18 (*M, 6 Hss., 1 Hs.* -vo-); **-on** 20 (*M; zur Endg. vgl. Braune, Ahd. Gr.*[15] *§ 221 Anm. 5*); **mům-:** *nom. sg.* **-a** 344,48 (-v̊-). 3,67,11 (*SH A, 6 Hss., 4* -v̊-). 176,33 (*SH B*). 363,66 (*Jd*). 390,37 (*Hildeg.*). 424,26. 662,51; **-e** 67,12 (*SH A,* -v̊-). 427,25 (-v̊-); **mòm-:** *dass.* **-a** 1,344,47. 351,22 (*M*). 2,326,7 (*lat. gen. sg.*). 3,280,40 (*SH b*); *gen. sg.* **-in** 1,351,21 (*M*); **mouma:** *nom. sg.* 3,426,14 (*zu* -ou- *vgl. Braune a. a. O. § 40 Anm. 2c*); **muem:** *dass.* 67,13 (*SH A; 15. Jh.*); *gen. sg.* -]**en** 1,351,21 (*M*); **mum-:** *nom. sg.* **-a**

353,33 (*Jd*). 3,424,26. Hbr. I,119,61 (*SH A;* -v-); **-e** Gl 4,257,29; *gen. sg.* **-un** 1,351,19 (*M*); **-en** 21/22 (*M*).

Verschrieben: **mȯmum:** *gen. sg.* Gl 1,351,20 (*M*).

Muhme, Schwester der Mutter: muama [*turpitudinem*] *materterae* [, *et amitae tuae non discooperies, Lev. 20,19*] Gl 1,284,39 (*Hs.* -*a*). 344,47 (*Hss.* -*a; 1 Hs. noch matertera est soror matris quasi mater altera, vgl. CCCM 189 A,418,121*). 351,18 (*1 Hs.* -*a*). 353,33 (*Hs.* -*a*). 4,257,29 (*Hs.* -*a*). mȯma [*nunc illud est quod conamur ostendere, quemadmodum fratres domini appellentur filii*] *materterae* (*Hs.* matterae) [*eius, Mariae, qui antea non credentes, postea crediderunt, Hier., De virg., PL 23 p. 196C*] 2,326,7. mv̊ma *matertera* 3,67,11. 176,33. 363,66. 424,26 (*1 Hs. noch übergeschr.* ł muatirra; *davor* uetiro oheim pasa *patruus avunculus amita*). 426,14. 427,25. 662,51. Hbr. I,119,61. *matertera soror matris* Gl 3,280,40. *maizfia matertera* 390,37. muama [*sed tamen consuetudo erat apud Iudaeos propinquas suas uxores accipere, non tamen sorores, neque filias avunculi vel*] *materterae* [*Christ. Druth., Expos. p. 1378D*] Mayer, Glossen S. 86,9; *zur Bez. der Schwester der Venus:* din muoma gab tir (*sc. Amor, der Sohn der Venus*) dri geba . die ze minnesami zihent . ich meino sconi . unde stimma . unde gebarda *Gratia .i. soror Veneris dedit tibi consanguineo trina . s. dona . i. pulchritudinem . vocem . et gestum* Nc 690,29 [5,3].

Vgl. DRWb. 9,954f.

Vgl. muotera.

muomenkint *mhd. st. n.* (*zur Genitivkomposition vgl. Gröger § 17 II 3b*), *frühnhd.* mum(m)enkind (*vgl. Müller-Fraureuth 2,257, in anderer Bed.*); *mnd.* mômenkint (*in anderer Bed.*). – *Graff IV,457.*

mů̊men-kint: *nom. sg.* Gl 3,364,1 (*Jd*); **mumen-:** *dass.* 5,38,44.

Kind der Schwester der Mutter, Cousin (*auch Cousine* (?); *zu* kind *als Bez. für den männlichen Nachkommen vgl. auch Ahd. Wb. 5,167ff.*): mů̊menkint *consobrinus* Gl 3,364,1 (*davor* brů̊derkint uederenkint wasenkint *fratruelis patruelis sobrinus*). 5,38,44.

muomûnsun *st. m.* (*zur Genitivkomposition vgl. Gröger § 17 II 3b*); *vgl. mhd.* muomen sun (*vgl. DWb. VI,2647 s. v.* muhmensohn). – *Graff VI,60.*

momun-sun: *acc. sg.* Gl 4,313,13 (*Mus. Brit. Add. 23931, Gll. 10. Jh.; oder* -o- *für* uo *verschr.?*). – **muamunsun:** *nom. sg.* Gl 3,424,32 (*Sg 299, 9. Jh.*); **muomun-:** *acc. pl.* **-]i** 2,332,15 (*clm 14747, 9. Jh.*); **mům-un-:** *nom. sg.* -] 3,424,32/425,1; **-en-:** *nom. pl.* **-]e** 67,14 (*SH A, 3 Hss., alle* -v̊-). 176,34 (*SH B*). 416,31 [HD 2,324]; **mv̊m̄-:** *dass.* **-]e** 67,37 (*SH A;* -svne); **mv̊mmen-:** *dass.* **-]e** 41 (*SH A*); **mȯmun-:** *dass.* **-]i** 40 (*SH A*); **mumen-:** *nom. sg.* -] Hbr. I,120,63 (*SH A;* mvmensvn); *nom. pl.* **-]e** Gl 3,67,39 (*SH A*); **mūmen-sůne:** *dass.* 218,34 (*SH B, Anh.*); **muemē-:** *dass.* -] 67,42 (*SH A, 15. Jh.*).

Sohn der Schwester der Mutter, Cousin: muomunsuni [*zu: fratres domini, non filios Ioseph, sed*] *consobrinos* [*salvatoris, Mariae liberos intelligimus materterae domini, Hier. in Matth. 12,49. 50 p. 85, oder zu: fratres autem*] *consobrinos* [*dici, omnis scriptura demonstrat, ebda.*] Gl 2,332,15. mv̊mensune uel oheimessune *consobrini vocati quod ex sorore et fratre, aut ex duabus sororibus sunt nati, quasi consororini* [*Hbr. I,120,63*] 3,67,14. Hbr. I,120,63. mů̊mensune vel ohemessune *consobrini sunt duarum sororum vel sororis et fratris filii* [*Hbr. II,3,16/17*] Gl 3,176,34. mūmensůne *consobrini* 218,34. 424,32 (*2 Hss.* ôheimessun). mů̊mensune ł oheimes sune *consobrini* 416,31 [HD 2,324] (*wohl Randgl. zu: consobrinae, vgl.* HD 2,324 *Anm.*). (*Simeon*) *consobrinum* [*domini esse ecclesiastica tradit historia, Beda in Matth. 10,3 p. 51*] 4,313,13.

muor *st. n., mhd.* muor, *nhd. dial. schweiz.* muer *m.* (*auch f.*) *Schweiz. Id. 4,386f., bair.* muer *n. Schm. 1,1642f.; as.* mōr, *mnd.* môr *n.* (*auch m.*), *mnl.* moer *n.* (*auch m.*); *afries.* mōr; *ae.* mór *m.*; *vgl. an.* mœrr *f.* (*zur Bildg. vgl. Darms, Schwäher S. 162ff.*). – *Graff II,843.*

muor: *nom. sg.* Gl 4,208,59. S 69,53 (*Musp.*). – **mor:** *nom. sg.* Gl 4,302,18 = Wa 59,33 (*Ess. Ev.*).

Moor, Sumpf: muor *sentina* Gl 4,208,59. feni endi that mor *palus quamdiu est immota, fetorem non emittit, et statim ut movetur, fetor qui intus erat prius, exit, sicut Iudei statim ut irritati sunt eas sordes, quas intus habebant, emittebant, vgl. Gallée, Sprachdenkm. S. 54* [*Randgl. zu: respondit turba, et dixit* (*ad Iesum*): ... *quis te quaerit interficere? Joh. 7,20*] 302,18 = Wa 59,33. so daz Eliases pluot in erda kitriufit, so inprinnant die perga ... aha artruknent, muor uarsuuilhit sih S 69,53.

Vgl. salzmuora, tôdmuori; untarmuori *adj.*

Vgl. meri.

-muora *vgl.* salzmuora.

? **muorgras** *st. n., nhd.* moorgras; *vgl. ae.* móres græs (*vgl. Bosw.-T. S. 697 s. v.* mór).

mor-gras: *nom. sg.* Gl 4,31,27 (*Sal. a1, Adm. 3, Gll. 11./12. u. 12. Jh.; zu seltenem* o *für* uo *in jüngeren bair. Hss. vgl. Schatz, Abair. Gr. § 8d, Hs. sonst* -uo-; *oder* -o- *für* e *verschr. u. damit zu* merigras?).

Alge, Seegras (?): *alga herba maritima* (*3 Hss.* merigras; *vgl. dazu auch Marzell, Wb. 4,1250*).

-muori *adj. vgl.* untarmuori.

-muori *st. n. vgl.* tôdmuori.

muorin Beitr. (Halle) 85,235,11 *s.* mor(a)ha.

muos *st. n., mhd.* muos, *nhd.* mus; *as.* mōs, *mnd.* môs, *mnl.* moes; *afries.* mōs; *ae.* mós (*zur Bildg. vgl. Darms, Schwäher S. 219ff.*). – *Graff II,869f.*

moos: *nom. sg.* Gl 3,11,46 (*C*). – **mȯos:** *nom. sg.* Thoma, Glossen S. 26,27 (*S. Mihiel BM 25, Gll. 11. Jh.* (?); *Hs.* mȯosi, *s.* 1a; -ȯo- *wohl als Korr., vgl. Meineke, Stud. S. 287*). – **mos:** *nom. sg.* Gl 1,100,31 (*Pa*). 122,27 (*Pa*). S 318,11. 12 = Wa 16,14. 15 (*beide sächs. B.*). – **moas:** *nom. sg.* Gl 1,42,14 (*PaK*). 100,31 (*K*). 122,27 (*K*). 206,37 (*K*); *dat. sg.* **-]e** 2,221,25 (*clm 18550,1, 9. Jh.*). – **muas:** *nom. sg.* Gl 1,100,31 (*Ra*). 272,29 (*Jb-Rd*). 2,50,38 (*Jc*). H 3,6,1. O 2,14,101. 22,7. 3,7,73. 79; *gen. sg.* **-]es** S 232,20. 251,15 (*beide B*). O 2,22,5. 3,6,4. 53. 4,9,20. 10,3; *dat. sg.* **-]e** Gl 1,313,10 (*fragm. S. Paul, 9. Jh.*). S 251,13. 257,14 (-v-). 274,14 (*alle B*). O 3,10,39. 4,9,17. 11,11, 12,39; *acc. sg.* -] 1,24,7. 2,14,11. 21. 97. 4,2,7. 10; *gen. pl.* **-]o** S 257,8 (*B;* -v-). H 18,4,1; *dat. pl.* **-]um** Gl 1,448,2 (*Rb*); *acc. pl.* -] 426,52 (*Rb*). – **muos:** *nom. sg.* Gl 4,157,1 (*Sal. c;* -v-). 328,20 (-v-). Gl L 416. T 13,11. 38,1. 82,11. 87,8. Npw 103,27 (2). 135,25; *gen. sg.* **-]es** Gl 1,306,29 (*M*). F 21,2. T 44,6. 236,2; *dat. sg.* **-]e** Thoma, Glossen S. 7,4. S 309,7 (*abair. B.*). 310,14 (*S. Emm. Geb., Hs. A*). T 155,2. 160,1; *acc. sg.* -] Gl 1,352,12 (*M, 4 Hss., 1 Hs.* -v-; *lat. pl.*). T 13,16. 82,4. 87,2. 8. 147,10. Pw 64,10. 68,22. Npw 103,28. 110,5; *nom. pl.* -] Kiser, Federgl. S. 11,3 (*Sg 136, Gll. 9. oder 10. Jh.?*); *dat. pl.* **-]on** Gl 2,220,24 (*clm 18550,1, 9. Jh.*); *acc. pl.* -] 533,69. Pw 54,15 = Gl L 349. – **můs:**

nom. sg. Gl 3,214,4 (*SH B*). 253,60 (*SH a2, 2 Hss.*, -v̊-). 4,139,15 (*vgl.* Beitr. 73,213; *Sal. c*). 217,17 (-v̊-); *acc. sg.* 1,352,12 (*M; -v̊-; lat. pl.*). – **mǒs:** *nom. sg.* Gl 3,154,34 (*SH A*); *gen. sg.* **-]is** 1,306,30 (*M*); *acc. pl.* **-]** 352,11 (*M*). – **mous:** *nom. sg.* Hbr. I,337,334 (*SH A, Erl. 396, 13. Jh.*); *acc. pl.* Gl 4,257,25 (*M, Goslar 2, 14. Jh.*). – **mus-:** *dat. sg.* **-a** S 310,14 (*S. Emm. Geb., Hs. B*); *acc. sg.* **-]** Gl 1,352,13 (*M, clm 14745,14. Jh.; lat. pl.*).

Verstümmelt: **muo.o:** *dat. pl.* Gl 2,199,40 (*clm 3767, Gll. 10. u. 11. Jh.;* mxp.p).

*Mit seltenem -*z *für* s, *vgl. Braune, Ahd. Gr.*^{15} *§ 168 Anm. 2 (?):* **muaz:** *acc. pl.* S 244,25 (*B*).

1) *Nahrung, Speise:*

a) *leibliche Nahrung:* gascaft biliban edo moas *alimentum victum vel cibum* Gl 1,42,14. mezzi mos *dapes cibus* 100,31. lipleita mos pilipi az *esu esca* 122,27 (*zur Glossierung vgl. Splett, Stud. S. 188*). manna huuaz ist daz? daz ist moas himillih *manna quod hoc?* 206,37 (*vgl. a. a. O. S. 49*) muasum [*filii Israel recensiti sunt, et acceptis*] *cibariis* [*profecti ex adverso … sunt, 3. Reg. 20,27*] 448,2. muos [*guttur … revolvit, quas hauserat*] *offas* [*Prud., Psych. 426*] 2,533,69. iosez mǒosi (*sc.* io sô ez mǒos si) [*sunt autem illi quadrigemina cornicula, quorum ostentatione*] *veluti esca* [*illice sollicitata, (die Schlange) animalia perimit, Comm. in Gen. 49,17, PL 111,228C*] Thoma, Glossen S. 26,27 (*vgl. Meineke, Stud. S. 249,612*). noh muaso uuaragi … kadenni lihamon *nec ciborum crapula … distendat corpora* H 18,4,1. mih hungrita ent*i ir ni gab*ut mir muoses *non dedistis mihi manducare* F 21,2. sin muos uuas heuuiskrekeo inti uuildi honag *esca autem eius erat locusta et mel silvestre* T 13,11. ja ist thaz ferah furira thanne thaz muos *anima plus est quam esca* 38,1, *z. gl. St.* O 2,22,7. uuirdig ist thie vvurhto sines muoses *dignus enim est operarius cibo suo* T 44,6. uuirket ir nalles thaz muos thaz furuuirdit, nibi thaz thuruhuuonet in euuinaz lib *operamini non cibum qui perit, sed qui permanet in vitam aeternam* 82,4 (*vgl. auch* b). sine iungiron giengun in burg, thaz sie muos couftin *discipuli enim eius abierant in civitatem, ut cibos emerent* 87,2, *z. gl. St.* O 2,14,11. thio zua liuti (*die Juden und die Samariter*) ni eigun muas … zi iro mazze in einemo fazze O 2,14,21. Krist nam finf leiba joh zuene fiska tharazua, fon then gab follon muases finf thusonton mannes 3,6,4, *ähnl.* 53. gauon an muos min galla *dederunt in escam meam fel* Pw 68,22 = Gl L 416 (*esca*). uuaz ist daz muos des drachon? daz ist diu erda: der minnare dero erde ist sin muos Npw 103,27 (*beide* Np *esca*, Npgl fuora); *ferner:* T 13,16 (*esca*). 147,10 (*cibus*). O 1,24,7. 2,22,5. Pw 64,10 (*cibus*). Npw 103,28 (Np *esca*); *hierher wohl auch:* muas [*carnium … quadrupedum … ab omnibus abstineatur*] *comestio* [*Reg. S. Ben. 39*] Gl 2,50,38 (*zu comestio in metonymischer Verwendung für 'Speise' vgl. Mlat. Wb. II,920,29*). knehta, eno habet ir uuaz muoses? *numquid pulmentarium habetis?* T 236,2 (*zum Lat. vgl. Thes. X,2,2593,36 f.*); *abgehoben von* tranc*:* mvaso .. tranh furipurt … prinke cote *ciborum et potus abstinentiam … offerat deo* S 257,8. truhtin, dir uuirdu ih pigihtik … unrehteru firinlustio in muose, in tranche enti in unrechtemo slafe 309,7. 310,14. ik iuhu nithas endi auunstes … endi ok untidion mos fehoda endi drank 318,11 = Wa 16,14. ok iuhu ik, that ik giuuihid mos endi drank nithar got 12 = Wa 16,15; *ferner:* S 251,15. 257, 14 (*beide cibus*); – *Nahrung für das Feuer:* muas lipnara [*adolebitque ea super altare sacerdos in*] *alimoniam* (*Hs. -ia*) [*ignis, et suavissimi odoris, Lev. 3,16*] Gl 1,272,29;

b) *geistige Nahrung:* mit muoso*n* [*sunt nonnulli, qui … doctrinae*] *dapibus* [*referti, Greg., Cura I,5*] Gl 2,199,40, *z. gl. St.* muoson furistentidun 220,24. Christ uns si muas *nobis sit cibus* H 3,6,1. ih muos haben zi ezzenna, thaz ir ni uuizzunt … min muos ist thaz ih uuirche thes uuillon the mih santa *ego cibum habeo manducare quem vos non scitis … meus cibus est ut faciam voluntatem eius qui misit me* T 87,8, *z. gl. St.* O 2,14,97. 101. so thu thaz … giduas, so wehsit thir thaz Kristes muas in munde joh in muate zi thines selbes guate O 3,7,73, *ähnl.* 79. er (*Gott*) gab das muos . daz niuuuiht feruuartit neuuirt, daz prot daz fone himela steic Npw 110,5 (Np *escam*); – *im Vorstellungsbereich des Abendmahls:* min fleisg uuarlihho ist muos inti min bluot uuarlicho ist trang *caro enim mea vero est cibus et sanguis meus vere est potus* T 82,11; uuâraz muos: min fleisc ist ein uuariz muos Npw 135,25 (Np *esca*).

2) *zubereitetes Essen, Gericht:*

a) *allgem.:* linsines muoses [*accepto pane et*] *lentis edulio* [*, comedit, Gen. 25,34*] Gl 1,306,29, *z. gl. St.* linsi azze muose Thoma, Glossen S. 7,4. muase *edulio* [*ebda.*] Gl 1,313,10. demo moase [*cui*] *in esu* [*… pectusculum cum armo tribuitur, Greg., Cura 2,3*] 2,221,25. můs *daps* 4,139,15 (*vgl.* Beitr. 73,213). mvos [*fero*] *ferculum* [*Eut., Ars 452,24*] 328,20. muos *fercula* [*nostra deum sapiant, Christus et influat in pateras, Prud., H. a. cib. (III) 16*] Kiser, Federgl. S. 11,3. imbiz .. des muases *refectionem autem cibi post fratrum rectionem* (*sc. refectionem*) *solus accipiat* S 232,20. za imbizze tagalihchin .. measum kasotaniu zuei muaz *sufficere credimus ad refectionem cotidianum tam sextae quam nonae omnibus mensis cocta duo pulmentaria* 244,25 (*vgl. dazu Mikeleitis-Winter S. 146 u. Anm. 605*). thu samon mit mi suota nami muos *qui simul mecum dulces capiebas cibos* Pw 54,15 = Gl L 349;

b) *spez.: Brei, auch Suppe:* polzi ł mos (*2 Hss.; 2 ohne* ł, *2 beide Wörter zusammengeschr., 1 Hs.* pri ł muos, *1 nur* muos) [*panem et polentam et*] *pultes* [*non comedetis ex segete, usque ad diem qua offeritis ex ea deo vestro, Lev. 23,14*] Gl 1,352,11 (*7 Hss. nur* polz, *1 Hs.* polz brî). 4,257,25. zuuei muas [*veniat … Thamar soror mea, ut faciat …*] *duas sorbitiunculas* [*, 2. Reg. 13,6*] 1,426,52 (*zum Verständnis von lat. sorbitiuncula in den Gll. vgl. Mikeleitis-Winter S. 105*). můs *iutta* 3,214,4 (*vgl. Thes. VII,2,292 s. v. iotta*). bolzi ł mǒs *pulpa quia cum pulte olim mixta vescebatur; unde et pulmentum* [*Hbr. I,337,334*] 154,34. Hbr. I,337,334. mv̊s *pulmentum* Gl 3,253,60. 4,157,1. 217,17;

3) *Mahl* (*aus verschiedenen Speisen*)*:* zemo abande … garetun sie sin muas [*vgl. fecerunt … ei coenam ibi, Joh. 12,2*] O 4,2,7. Martha … thar tho thionota, … thaz muas furibrahta 10. wola thaz githigini, thaz noz … thia suazi sines muases 9,20. thes muases gerota ih bi thiu, thaz ih iz azi mit iu [*vgl. desideravi hoc pascha manducare vobiscum, Luc. 22,15*] 10.

4) *Einnahme der Mahlzeit:* after muase keqhuuetaner *versum … qui post cibum dicitur* S 251,13.. after themo muase … kleib er (*Judas*) Satanase [*vgl. post bucellam introivit in illum, Joh. 13,27*] O 4,12,39; – zi muose *beim Essen, bei Tisch:* chindiske .. ze muase .. antreitida iro kehalten *pueri parvi vel adulescentes in oratorio vel ad mensas cum disciplina ordines suos conservent* S 274,14; (ir)stantan ir/fona themo muose *vom Essen, vom Tisch aufstehen:* er stuant yr themo muase … zi themo abande [*vgl. surgit a* *coena, Joh. 13,4*] O 4,11,11, *z. gl. St.* erstuont tho fon themo muose T 155,2; zi muose sizzan/gisizzan *beim Essen sein/sich zu Tisch setzen:* in tho zi muose sizzenten intfieng ther heilant brot inti uuihita inti brah *coenantibus autem eis accepit Ihesus panem et benedixit ac fregit* T 160,1. gilechont thoh thie welfa ... thero brosmono sih fullent, thie fon then disgin fallent, thar hereron thie wise sizzent zi iro muase O 3,10,39. so sie girihtun allaz thaz joh er zi muase gisaz [*vgl. discubuit, Luc. 22,14*] 4,9,17.

5) *Glossenwort:* moos *mandacaril* (*das Lat. nach Diez vielleicht Mischung aus manducaria u. manducabilia*) Gl 3,11,36.

Komp. âband-, fast-, koh-, melo-, mezzi-, naht-, phan-, plata-, suf-, taga-, uuarm-, zuomuos; wellamôs *mnd.*; *vgl.* -muosi; *Abl.* muosilî(n); gimuosôt; muosen, muosôn; *vgl.* -muosi, -muosîn, sothmôsa *as.*

[Mikeleitis-Winter]

muos Gl 3,246,33 *s.* mios.

muosal *st. n., mhd.* müe(je)sal, *nhd.* mühsal (*auch f.*); *mnd.* moisel (*vgl. Schiller-Lübben 3,112*), *mnl.* mo(e)ysel.

muosal: *nom. sg.* Npw 105,30.

Bedrängnis: dannan gestilta ... daz muosal *cessavit quassatio* (Np muohi).

muosen Nb 104,3/4 [90,12] *s.* mûs.

muosen *sw. v.*; *mnd.* môsen (*in anderer Bed.*). – *Graff II,872.*

mos-: *1. sg.* **-iu** Gl 1,265,17 (*K*); *inf.* **-ē** 16 (*K*); *part. prs.* **-enti** 22,36 (*vgl.* Gl 5,87,14; *Ra*). – **moas-:** *part. prs.* **-endi** Gl 1,22,34 (*Pa*); **-andi** ebda. (*K*).

Verschrieben: **morit:** *3. sg.* Gl 1,114,26 (*Pa; vgl. Splett, Stud. S. 180*); **nosiumes:** *1. pl. conj.* 206,19 (*K; vgl. a. a. O. S. 291*). – **moasentem:** *part. prs. acc. sg. m.* Gl 1,130,3 (*Pa; in Angleichung an die lat. Endung, s. u.; vgl. auch a. a. O. S. 196*).

essen, speisen: moasendi *aletus* Gl 1,22,34 (*zur Wiedergabe des lat. Part. Perf. durch ahd. Part. Praes. vgl. v. Guericke S. 19f.*). mosenti *alitum* 36 (*vgl.* Gl 5,87,14 *u. Splett, Stud., S. 74f.*). capizzit cachauuuarot mosit frizzit *depascit consumit comedit* 114,26. kaumentem ezzantem moasentem *epulantem edentem manducantem* 130,3. khiuuuemes mosiumes *mandemus* (*l. manduce-*) *comedamus* 206,19. ezzan mosen *vescere manducare* 265,16. mosiu edho izzu *vescor* 17.

Vgl. âbandmuosen; *vgl. auch* muosôn.

gi-**muosen** *sw. v. – Graff II,872.*

ke-muosit: *3. sg.* Gl 2,526,70 (*Bern 264, Gll. 10. Jh.?*).

sättigen: kemuosit [*multas* (*animas*) *viscosus*] *inescat* (*Glosse: saturat, vgl. PL 59*) [*pastus, et ad superas percurrere non sinit auras, Prud., Ham. 822*]; *wohl Vok.-Übers., lat. inescere nicht kontextgerecht als 'anlokken, ködern', sondern in Übereinstimmung mit dem lat. Interpr. saturare als 'sättigen' übers.* (*vgl. dazu Georges, Handwb.*[11] *2,221*).

? ir-**muosen** *sw. v.*

Unklar, verschrieben (*?*): **mir-mosiu:** *1. sg.* Gl 1,265,18 (*K*); *nach Splett, Stud. S. 402 geht das vorgeschlagene* m *vielleicht auf einen unberechtigten Nasalstrich zurück u. gehört zu einem vorangehenden Wort der Vorlage*; *zu erwägen wäre auch eine Präfixbildung* fir-muosen *in der Vorlage* (*vgl. auch* frezzan *st. v.*); *bei anderer Segmentierung* (*vgl. Graff II,731*) *käme das Simplex* muosen *in Betracht.*

aufessen, verzehren: mosiu edho izzu māmūtu (*s. unter* mammunti *st. n.*) irmosiu *vescor comedo*; *zur möglichen Doppelglossierung vgl. Splett a. a. O. S. 49.*

muosfingar *st. m., nhd. dial. schweiz. bair.* (*älter*) muesfinger *Schweiz. Id. 1,864. Schm. 1,1675.*

mvs-vingir: *nom. sg.* Hbr. I,129,195 (*SH A, Erl. 396, 13. Jh.*).

Hierher auch, aus Verlesung (*?*): **můt-finger:** *nom. sg.* Gl 3,178,17 (*SH B, S. Blasien, Hs. 12. Jh.*); *oder als bewußte Umdeutung im Anschluß an* muot (*? Vgl. Riecke, Med. Fachspr. 2,188f.*).

Zeigefinger: můsfinger *index vel salutaris vel demonstratorius* Gl 3,178,17. Hbr. I,129,195.

muosgadum *st. n. – Graff IV,175.*

Alle Belege im Nom. Sing., erst ab 12. Jh. belegt.

muos-gadem: Gl 3,314,15 (*SH e;* -ē); **můs-gaden:** Thies, Kölner Hs. S. 163,7 (*SH; zu* -n *für* m *vgl. ebda. S. 104*); **mȯs-:** Gl 3,296,57 (*SH d*). – **mus-gadem:** Gl 3,314,15 (*SH e;* -ē). Stricker II,48,28 (*SH*).

Speiseraum: mȯsgadem *cenaculum* Gl 3,296,57. 314,15. Stricker II,48,28 (*SH*). Thies, Kölner Hs. S. 163,7 (*SH*).

muoshûs *st. n., mhd.* muoshûs, *frühnhd.* mushaus (*vgl. DWb. VI,2739*), *nhd. dial. bair.* mueshaus *Schm. I,1675f.*; *mnd.* môshûs, *mnl.* moeshuus. – *Graff IV,1053.*

Alle Belege im Nom. Sing., erst ab 12. Jh. belegt.

můs-hus: Gl 3,231,25 (*SH a2, 2 Hss., 1 Hs.* -v̊-, v-). 232,8 (*SH a2; 2 Hss., beide* -hvs, *1 Hs.* mv̊s-). 274,57 (*SH b;* -v̊-). 331,37 (*SH g*). 383,55 (*Jd*). 56 (*Jd*). 416,61 [HD 2,345] (*oder acc.?*); **movs-:** 3,274,58 (*SH b;* -hv[s]); **mȯs-:** 331,37 (*SH g, 2 Hss.*). – **mus-hus:** Gl 3,210,19 (*SH B*). Ahd. I,568,14.

Hierher auch, unvollständig geschr.: **hus:** *acc. pl.?* Gl 1,299,25 (*aus Platzmangel übergeschr., zu* muoshus *zu erg., s. u.*).

Speiseraum: cenaculum dictum est a communione uescentium muossteti *muos*hus [*zu: deorsum,*] *cenacula* [, *et tristega facies in ea* (*der Arche*), *Gen. 6,16*] Gl 1,299,25. mushus vel draht *ferculum dicitur domus seu cibus* [*Hbr. II,82,103*] 3,210,19. mv̊shus *ferculum cibus ł domus escae* 274,57. můshus *ferculum* [*vgl. ferculum fecit sibi rex Salemon de lignis Libani, HD 2,345; vgl. SH-Glosse*] 416,61 [HD 2,345]. mv̊shvs *cenaculum* 231,25. 331,37. 383,55 (*darauf refectorium idem*). *comessarium* 232,8. *triclinium* 383,56. triclinium mushus autem est cenaculum a tribus lectulis dictum Ahd. I,568,14.

-muosi *vgl.* koh-, suf-, zuomuosi.

muosilî(n) *st. n., mhd.* müeselîn, *nhd.* müslein, müsli; *vgl. mnd.* môseken (*vgl. Lasch-Borchling 2,1024 s. v.* [1]môs). – *Graff II,872.*

muosili: *acc. pl.* Gl 1,415,9/10 (*Sg 295, Gll. 9./10. Jh.?, Sg 299, 9. Jh.*); **můsili:** *dass.* 9 (*Stuttg. Theol. et phil. fol. 218, Gll. 12. Jh.?*).

Hierher auch, verschrieben (*?*): **musila:** *acc. pl.?* Gl 4,268,36 (*M, Goslar 2, 14. Jh.; oder eigene Bildg. auf* -ila? *Die Hs. kennt sonst kein* -a *für auslautendes* -î *u. bildet das Dimin. auf* -ilîn, *vgl.* Gl 4,265,25. 266,35. 269,49. 271,18. 278,2 *oder* -li, *vgl.* 277,3).

Süppchen oder Breichen: můsili [*veniat ... soror mea, ut faciat in oculis meis duas*] *sorbitiunculas* [*2. Reg. 13,6*] Gl 1,415,9. 4,268,36.

Komp. suf-, zuomuosilî(n).

-muosîn *vgl.* uuarmmuosîn.

muosôn *sw. v., mhd.* muosen, *nhd. dial. schweiz.* muese^{n} *Schweiz. Id. 4,495, bair.* muesen *Schm. 1,1676, schwäb.* muse^{n} *Fischer 4,1829.*

muosont: *3. pl.* Hss. Stuttg. II,3,172 (*Stuttg. H. B. VII 27, Hs. 11. Jh.*).

essen: diz chit per yroniam chocchil muosont [*zu: edenda quae necessitas quaerit, non quae libido suggerit. Quanta ad hoc discretio necessaria, Greg., Mor. in Job 30,18, PL 76,557C*]; *zu* cocchil *'Küchlein' vgl. Kruse, Sprachwiss. 36, 27 f.; anders Ahd. Wb. 5,298 s. v.* ?kohhil.

Vgl. âbandmuosôn; *vgl. auch* muosen.

gi-**muosôt** *st. m.; zur Bildg. vgl. Wilm., Gr.* 2^2 *§ 261,2.*

gi-můsot: *nom. sg.* Gl 4,139,14 (*Sal. c, mus. Brit. Add. 18379, 13. Jh.*).

Überfluß (an Nahrung): dapsilitas.

muosstat *st. f. – Graff VI,642 s. v.* muasteti.

muos-stet-: *acc. pl.* **-i** Gl 1,299,25 (*Hs. lat. nom. sg.*); **-e** 302,18 (*Sg 296, 9. Jh.; das zweite* s *aus* ?t *korr. Steinm.*). Thoma, Glossen S. 3,3.

Mit Konsonantenvereinfachung in der Kompositionsfuge (vgl. Gröger § 128,2bα): **muasteti:** *acc. pl.* Gl 1,302,19 (*clm 14754, 9. Jh.;* -&i); **muosteti:** *dass.* 4,250,20.

Speiseraum: cenaculum dictum est a communione uescentium muossteti hus (*l.* muoshus, *s. dort*) [*deorsum,*] *cenacula* [*, et tristega facies in ea* (*der Arche*), *Gen. 6,16*] Gl 1,299,25. muosstete *cenacula* [*ebda.*] 302,18. 4,250,20. Thoma, Glossen S. 3,3.

muostasca *sw. f. – Graff V,461.*

Erst ab 12. Jh. belegt.

mos-tasca: *nom. sg.* Gl 3,257,20 (*SH a2*). – **muos-tasc-:** *dat pl.* **-un** Gl 1,399,4 (*M, 3 Hss.*); **můs-:** *dass.* **-on** 393,20; **-tasch-:** *nom. sg.* **-a** 2,737,17 (-v̊-); **mo̊s-:** *dass.* **-e** 3,288,21 (*SH b*); **-dasca:** *dass.* ebda. (*SH b*). – **mus-tascen:** *dat. pl.* Gl 4,266,4 (*M*).

Proviantbeutel: cuillon ł můstascon [*panis defecit in*] *sitarciis* [*nostris, 1. Reg. 9,7*] Gl 1,393,20 (*1 Hs. nur* kiulla), *z. gl. St.* muostascun 399,4 (*10 Hss.* tasca). 4,266,4. chiulla ł mv̊stascha [*nova*] *sitarcia* [*refocillati, Vita Malchi p.* 96^{b}] 2,737,17. mostasca *sistarcium* 3,257,20 (*2 Hss.* malaha). *sistarcium vasculum nautarum consutum* 288,21.

muot *st. n. m., mhd.* muot *m. n., nhd.* mut *m.; as.* mōd *m., mnd.* môt *m.* (*auch f.*), *mnl.* moet *m.; afries.* mōd *m. n.; ae.* mód *n.; an.* móðr *m.; got.* moþ(s) *m. oder n. – Graff II,679 ff.*

Neutr.: **moat:** *nom. sg.* OF 3,20,74; *acc. sg.* 131. – **muat:** *nom. sg.* O 2,13,15. 37. 16,1. 21,7. 10. 3,2,33. 3,26. 7,36. 14,118. 17,52. 18,65. 20,74 (*DPV*). 24,47. 101. 4,23,16. 5,6,68. 23,33. 46. 63; *acc. sg.* H 15,2,3. 4,3. O 1,5,38. 18,29. 22,45. 2,4,105. 7,58. 9,96. 12,81. 91. 15,12. 16,11. 21,9. 3,1,32. 39. 3,2. 11,28. 15,30. 18,58. 59. 71. 19,35. 20,131 (*DPV*). 22,36. 24,49. 4,11,3. 12,11. 13,16. 15,30. 18,36. 19,58. 23,14. 37,44. 5,4,38. 62. 9,22. 23,39. 164. 253. 291. Oh 8. 139. Ol 6. 75; *nom. pl.* O 2,24,15; *acc. pl.* H 1,10,2. 9,3,4. – **muot:** *nom. sg.* Nb 13,21. 49,19. 50,26. 229,21. 23. 340,15. 347,26 [11,11. 40,4. 41,9. 184,30. 185,2. 257,7. 262,2]. Ni 501,5 [5,18]. NpNpw 50,19. Np 118 C,20. Npw 117,27; *dat. sg.* **-]e** Nb 179,3. 229,10 [151,5. 184,23]; *acc. sg.* **-]** Nb 12,28. 35,3. 45,6. 98,22. 99,26. 104,20. 125,27. 157,1. 195,22. 196,17. 209,1. 4. 225,8. 254,3. 303,11. 339,30. 347,24 [10,21. 28,18. 36,16. 85,17. 86,17. 90,25. 108,13. 132,27. 163,6. 22. 171,10. 12. 181,19. 200,18. 232,5. 256,27. 262,1]. Nc 718,26. 819,25 [35,16. 138,18]. NpNpw 22,5. 24,14. 105,33 (= Npw 32). Np 76,7; *nom. pl.* **-]** S 168,12 (-o- *auf Rasur*). NpNpw 113,8'; *acc. pl.* **-]** S 171,12 (-v-). Nb 109,30. 122,13. 196,15. 286,11. 363,4 [95,12. 105,19. 163,20. 220,17. 271,20]; **muoth:** *dass.* Gl 1,746,28 (*M, 2 Hss.*). – **muht:** *acc. pl.* Gl 1,746,29 (*M*).

Verschrieben: **munt:** *nom. sg.* S 94,9.

Mask.: **mot:** *acc. sg.* S 311,13 (*S. Emm. Geb., Hss. A u. B*). – **muat:** *acc. sg.* S 191,14 (*B*). – **muota:** *acc. pl.* Gl 1,746,29 (*M, 3 Hss.*).

Verstümmelt: **|uot:** *acc. sg.* Gl 4,332,39 (*Oxf. Laud. misc. 275, Gll. 9. Jh.?*).

Nicht eindeutig: **moot:** *nom. sg.* Gl 4,332,9 (*fragm. S. Emm., Hs. 9. Jh.*); **mot-:** *gen. sg.* **-es** 1,44,28 (*Ra*). 50,23 (*Pa*); *dat. sg.* **-e** 124,39 (*Pa*). 4,330,12 (*fragm. S. Emm., Hs. 9. Jh.*); *acc. sg.* **-]** 1,38,18. 21 (*beide Ra*). S 311,13 (*S. Emm. Geb., Hss. A u. B*); *instr. sg.* **-u** Gl 1,44,28 (*PaK*). 93,12 (*R*). 209,17 (*K*); **-o** 2,762,35 (*clm 14747, 9. Jh.*); *dat. pl.* **-im** Frank, Glossen S. 103,141. – **moat:** *nom. sg.* Gl 1,114,9 (*Pa; -a- nicht ganz sicher*); *gen. sg.* **-]es** 38,21 (*PaK*). 50,23. 267,27 (*beide K*); *dat. sg.* **-]e** 124,39. 239,8 (*beide K*); *acc. sg.* **-]** 38,19 (*PaK*). 84,32 (*Pa*); *instr. sg.* **-]u** 209,18 (*K*). – **muat:** *nom. sg.* H 3,7,4. 4,4,4. 9,3,3. 18,3,2. O 2,14,55. 16,4. 18. 3,1,38. 4,46. 18,6. 20,149. 151. 22,16. 24,22. 4,1,4. 36,6. 5,2,5. 12,11. 18,16. 19,8. 22,9. 23,21. 112. 200. Ol 93; *gen. sg.* **-]es** H 5,2,3. 6,1,4. O 1,2,53. 5,17. 2,2,27. 7,36. 9,10. 12,20. 70. 16,5. 6. 37. 24,28. 3,5,16 (*FP*, -es *hinzugeschrieben V*). 8,45. 16,28. 17,19. 19,12. 24,57. 4,7,26. 12,2. 13,18. 30. 29,10. 5,12,90. 15,14. 20,83. 23,45. 114. 216. Oh 46. Ol 68. Os 11. 24. 48 (*V*, -ya *P, vgl. dazu Franck, Afrk. Gr. S. 11 f.*); *dat. sg.* **-]e** Gl 1,283,31. 286,15 (*beide Jb-Rd*). 353,20. 448,9 (*beide Rb*). S 211,4. 237,28 (*beide B*). H 4,6,1. 9,3,1. 24,5,4. O 1,1,124. 5,39. 7,6. 18,40. 2,1,42. 2,29. 3,35. 5,1. 12,86. 15,24. 16,9. 17,6. 19,6. 24. 21,4. 22,5. 24,16. 34. 3,7,43. 74. 11,26. 12,29. 14,17. 15,42. 20,141 (*FPV*). 21,35. 24,10. 25,12 (*F*). 38. 26,5. 25. 55. 4,5,59. 12,14. 15. 44. 13,23. 52. 19,62. 30,24. 32,3. 34,24. 37,6. 20. 37. 5,3,6. 5,19. 6,41. 50. 8,32. 44. 9,4. 18. 11,19. 15,7. 20,22. 55. 62. 22,2. 23,30. 56. 60. 67. 87. 132. 150. 174. 186. 196. 208. 210. 222. 234. 238. 244. 258. 272. 286. 298. 25,58. 61. 80. Oh 49. 115. Ol 46. 49. 61. Os 25. 43; *acc. sg.* **-]** H 3,5,1. 8,7,1. O 1,2,29. 9,38. 16,3. 18,31. 2,4,84. 16,20. 18,22. 19,28. 21,41. 43. 3,1,30. 15,11 (*oder pl.?*). 17,69. 18,10. 20,139. 23,46. 24,43. 26,20. 4,4,60. 7,80. 13,12. 14. 24,17. 29,54. 5,4,2. 63. 7,18. 9,8. 12,99. 19,36. 21,15. 23,36. 71. 154. 277. 24,7. Oh 51. 55. 116. 123. Os 36; *instr. sg.* **-]u** S 30,34 (*Wk*). 200,33. 208,9. 12 (*alle B*). O 4,15,32. Os 46; *gen. pl.* **-]o** O 5,23,223 (*FP, auf Rasur V, vgl. Erdm. z. St. u. S. 482* munto); *dat. pl.* **-]um** S 198,14 (*B;* -ū). H 14,4,1. 22,1,4 (-ū); **-]on** O 3,22,41 (*FP*). – **muot:** *nom. sg.* Gl 1,441,56 (*M, 2 Hss., 1 Hs.* -v̊-). 479,30 (*M, 3 Hss., 1 Hs.* -ŏ-). 642,25 (*M;* -ŏ-). 2,592,78. 3,177,12 (*SH B;* -ů-). Mayer, Griffelgl. S. 96,445 (*Vat. Ottob. lat. 3295, Gll. 9. Jh. (?); –o– unsicher*). Schlechter, Aratorgl. S. 283,34. S 66,19 (*Musp.*). Nb 108,8. 126,26. 129,24. 135,1. 254,6. 255,26. 342,11 [94,1. 109,18. 111,30. 115,18. 200,20. 201,16. 258,15]. Nc 714,20 [31,10]. NpNpw 36,30. 49,8. Cant. Abac. 16. Cant. Mariae 47. Np 77,17. Npgl 42,5. Npw 112,5; *gen. sg.* **-]es** Gl 1,545,9 (*M, 6 Hss., 1 Hs.* -ŏ-). 642,24 (*M, 5 Hss.*). 2,170,46 (*clm 6277, Hs. 9. Jh.*). 188,24

(*M, clm 21525, Gll. 9. Jh.?*). 648,34 (-ᵘo-). 4,332,22 (*Oxf. Laud. misc. 275, Gll. 9. Jh.?*). S 316,6 (*Würzb. B.*). 344,7. (-ŏ-). I 28,8. 35,14. Nb 15,14. 22,30. 42,11. 50,21. 51,15. 23. 98,19. 104,27. 123,27. 141,15. 177,10. 196,22. 208,27. 266,23. 276,1. 16. 281,20. 283,3. 19. 286,5. 297,11. 304,22 (-v-). 323,31. 335,13. 337,8. 340,23. 341,11/12. 17. 342,23. 25. 354,26 [12,22. 18,26. 34,12. 41,4. 42,12. 19. 85,14. 91,1. 106,26. 120,8. 149,16. 163,25. 171,9. 208,6. 213,29. 214,7/8. 217,18. 218,17. 27. 220,13. 227,13. 232,29/30. 246,1. 253,25. 255,2. 257,12. 25. 28. 258,23. 24. 266,19]. Nc 761,30. 833,9. 840,8 [77,20. 154,3. 162,4/5]. NpNpw 17,37. 25,1. 30,1. 11. 38,7 (2). 12. Np 59,4. 67,28. 115,11; **-]is** S 356,42. Nb 177,10 (*Hs. D = S.* CIII,28) [149a,16]. Npgl 31,7. 41,10. 54,4. 69,6. 81,7. 84,2. Npw 115,11. 118 K,73. Q,121 (*vgl. Schatz, Ahd. Gr. § 303*); *dat. sg.* **-]e** Gl 1,390,3 (*Sg 295, Gll. 9./10. Jh.?*). 396,16 (*M; in* sergemŏte). 773,10 (*Carlsr. Aug. LXXXIII, Gll. 9./10. u. 11. Jh.*). 2,182,20 (*M, clm 21525, Gll. 9. Jh.?*). S 144,35 (*BB*). 145,10 (*WB*). 162,16. 164,3. 171,27. 316,17 (*Würzb. B.*). F 6,18. 27,13. T 4,7. 53,12. 128,2. 218,1. Nb 8,29. 20,27. 23,19. 43,20. 104,18. 127,10. 128,23. 134,18. 135,9. 140,9. 177,7. 12. 209,12. 275,8. 276,14. 335,20. 339,21. 340,9. 342,2. 343,24 [7,21. 17,4. 19,11. 35,13. 90,24. 109,30. 111,6. 115,9. 25. 119,10. 149,13. 17. 171,18. 213,14. 214,6. 253,30. 256,21. 257,3. 258,9. 259,12]. Nc 694,10. 725,4. 744,22. 794,16 [8,14. 41,22. 60,4. 112,13]. Ni 579,19. 26 [97,2/3. 11]. NpNpw 8,1. 33,19. 36,30. 38,1. 39,10. 117,27. 118 N,97. T,148. NpglNpw 4,7. Np 11,3. 51,4. 58,8. 69,6. 108,3 (2). Npgl 9,Diaps. 9. 61,5. 82,8. 88,38. 97,6. Npw 41,10. 118 I,66. W 145,7 (*BCK*) [257,2]; **-]a** Gl 2,199,38 (:m-, m *rad.*). S 144,34 (*WB; zu* -a *vgl. Schatz, Abair. Gr. § 96a1*); *acc. sg.* **-]** Gl 1,533,51 (*M, 4 Hss.*). 2,187,20 (*M, 4 Hss.*). 350,53. S 127,61. F 30,9. Nb 12,13. 128,18. 141,12. 251,17. 313,6. [10,9. 111,2. 120,6. 198,29. 238,20]. Nc 700,1. 765,2 (*oder Plur.; lat. pl.*). 766,18. 803,18 [14,20. 81,10. 83,4. 122,6]. NpNpw 21,30. 37,8. 111,Prooem. Np 76,5. 6. Npgl 69,2. 97,6; *instr. sg.* **-]u** Gl 1,209,17 (*Ra*). F 30,21; *gen. pl.* **-]o** Nb 52,19. 283,24 [43,9. 219,1]; *dat. pl.* **-om** Gl 2,32,73 (*vgl.* von Gadow, Aratorgl. 72,325); **-]on** *ODV* 3,22,41; **-]en** Nb 168,8. 339,29. 340,1/2 [141,27. 256,26. 28]; *acc. pl.* **-]** 266,28 [208,9]; **muoth:** *nom. sg.* Gl 1,441,55 (*M, 2 Hss.*). 479,29 (*M, 4 Hss., 1 Hs.* -v-); *acc. sg.* 533,52 (*M, 2 Hss.*); **muoht:** *nom. sg.* 441,55 (*M*). – **mut-:** *gen. sg.* **-es** Gl 1,545,10 (*M*). 642,25 (*M, 2 Hss.*). 2,757,16; **-as** 170,44 (*clm 6277, Hs. 9. Jh.; zu* -as *vgl. Schatz, Abair. Gr. § 96a1*); *acc. sg.* **-]** 1,533,52 (*M, 2 Hss.*); *dat. pl.* **-on** 2,774,73; **muht:** *nom. sg.* 1,479,31 (*M*).

mod: *nom. sg.* Gl 1,114,9 (*K*). [Wa 65,21.] – **moad:** *nom. sg.* Gl 1,84,32. 210,10. 11 (*alle K*). – **muod-:** *gen. sg.* **-es** S 130,110. [Wa 11,3 = 15,22 (*as. Ps., 10. Jh.*);] **-is** Gl L 236. Pw 67,28; *dat. sg.* **-e** WA 145,7.

Hierher wohl mit verkürzter Schreibung: **te:** *dat. sg.* Mayer, Glossen S. 64,11 (*clm 4542, Hs. 9. Jh.*).

Verschrieben: **momate:** *dat. sg.* Gl 1,390,2 (*vgl. Jacob S. 9 u. Anm. z. St.*); **nocte:** *dass.* 4 (*Sg 9, 9. Jh.*); **man⁹:** *gen. sg.* 642,26 (*M, clm 17403, 13. Jh.; oder ist lat. manus zu lesen? Vgl.* 1aα); **munten:** *acc. pl.* Tiefenbach, Aratorgl. S. 28,12 (*statt* muoten, *vgl. Anm. 163*); *hierher vielleicht auch:* **tot:** *für dat. sg.* Mayer, Glossen S. 62,22 (*clm 4542, Hs. 9. Jh.; nach Mayer abgekürzte Glosse; ist hier* mot *zu lesen? Zu –o- für* uo *in der Hs. vgl.* sozzida *a. a. O. S. 56,2*). – *Hierher auch (?), mit epithetischem* -e (*vgl. Weinhold, Mhd. Gr. §§ 448. 454*): **mȯtᵉ:** *nom. sg.* Gl 1,441,56 (*M, clm 17403, 13. Jh.*); **mute:** *dass.* 479,31 (*M, clm 17403, 13. Jh.*). 545,11 (*M, clm 17403, 13. Jh.; lat. gen. sg.*).

Verstümmelt: **mut..:** *gen. sg.* Nievergelt, Glossierung S. 901,1789; **..t:** *acc. sg.* Nievergelt, Runenschr. S. 182 (*clm 6402, 8. Jh.*); **m..e:** *dat. sg.* Schulte, Gregor S. 85,1; **m..:** *dat. sg.* S 316,10 (*Würzb. B.*); **..te:** *dat. sg.* F 1,14; **mua..:** *dat. sg.* *OD* 3,20,141.

moht Gl 1,623,3, *neu gelesen als* ..ht, *s. dort* (*Ahd. Wb. 4,1311*); muati Gl 1,758,8 *s.* mammuntmuotî.

1) *Gesamtheit des seelisch-geistigen Vermögens, Inneres, Gemüt, Sinn, z. T. mit deutlichem Hervortreten entweder der seelisch-emotionalen Seite (so bei* O) *oder der geistig-rationalen Seite (so bei* H, N)*: Herz, Seele oder Geist, Verstand:*

a) *ohne nähere Best.:*

α) *allgem.:* moates uuandida *animadversio* Gl 1,38,21 (*zur Wiedergabe als Syntagma vgl. Splett, Stud. S. 481; Ra* mot zouuantiu). motu (*Ra* motes) uuelih cadultic edo lancmot *animaequis patiens vel longanimis* 44,28 (*zu aus lat. animaequus ‘gleichmütig’ verderbtem animaequis u. zur Übers. vgl. Splett a. a. O. S. 99*). kerunga motes *opinatio mentis* 50,23. moad *mens* 210,10. muoth [*quid est hoc, unde*] *anima* [*tua contristata est? 3. Reg. 21,5*] 441,55. muoth [*ego novi quia pater meus et mater mea modo dies computant, et cruciatur*] *spiritus* [*eorum in ipsis, Tob. 10,9*] 479,29. muot [*lingua placabilis, lignum vitae: quae autem immoderata est, conteret*] *spiritum* [*Prov. 15,4*] 533,51. muotes [*vidi cuncta, quae fiunt sub sole, et ecce universa vanitas, et afflictio*] *spiritus* [*Eccles. 1,14*] 545,9. muotes [*abii amarus in indignatione*] *spiritus* [*mei: manus enim domini erat mecum, confortans me, Ez. 3,14*] 642,24. muoth [*increduli ... Iudaei ... ad iracundiam concitaverunt*] *animas gentium* [*adversus fratres, Acta 14,2*] 746,28. pidiu uuir demo muote *sive* [*enim*] *mente* [*excedimus, deo: sive sobrii sumus, vobis, Greg., Cura 2,5 p. 19 = 2. Cor. 5,13*] 2,182,20. die missitriuuida des muotes [*quid enim per civitates munitas exprimitur, nisi suspectae mentes et fallaci semper*] *defensione* [*circumdatae, ebda. 3,11 p. 48*] 188,24. muot [*erumpunt hominum sed quae penetralibus oris, internam misere maculabunt edita*] *mentem* [*Juv. 3,151*] 350,53. Nievergelt, Runenschr. S. 182. muot [*eblanditis virtutibus*] *halitus* (*Glosse: spiritus, vgl. PL 60*) [*ilex inspirat tenerum labefacta per ossa venenum, Prud., Psych. 328*] Gl 2,592,78 (*Vok.-Übers.*). des mutes [*credo cernebant miserum eminus propinquantem, conscii quantam illi rabiem*] *spiritus* [*suscitassent, Sulp. Sev., Dial. 3,15 p. 213,17*] 757,16. mût *animus* 3,177,12 (*davor* sela *anima* ..., geist *spiritus*, sin *sensus; im Abschn. De homine et eius membris; vgl.* β). mornet moot *moeret mens* [*, lux ipsa fastidio est, Greg., Hom. II,25 p. 1547*] 4,332,9. muotes gihelto [*amicus enim quasi*] *animi* (*Hs. -e*) *custos* [*vocatur, ebda. 27 p. 1562*] 22. muodis [*ego autem dixi in excessu*] *mentis* [*meae, Ps. 30,23*] Gl L 236. mot [*si malum metuitur, mala*] *animo* [*aeterna proponantur, Greg., Hom. II,36, PL 76,1274C*] Mayer, Glossen S. 62,22. ..te [*nec illam tantae beatitudinis claritatem apud iustorum*] *animum* [*fuscat spectata poena reproborum, ebda. 40, PL 76,1309A*] ebda. 64,11. [thiu tunga folgod thena selfkuri thes muodes *lingua enim sequitur mentis arbitrium* Wa 11,3 = 15,22. thar vuithar bigonsta Gordianan mod te thera vueroldas minnea vuithar cuman *at contra Gordianae animus coepit* [...] *ad huius saeculi amorem redire* [*Greg., Hom. II,38 p. 1642*] 65,21.] pidiu ist durft mihhil allero manno uuelihemo, daz in es sin muot kispane, daz er kotes uuillun kerno tuo S 66,19. an diu bezeinet ez (daz mermanni) den fiant, der des mannis muot spenit ze din ueriltlihen lusten 127,61.

suenne unseriu muot imo kiluteret uuerdent mit dera heiligen bredige [*vgl. cum nos eius gloriam vestris mentibus praedicamus, Greg., ZfdPhil. 131,50*] 168,12 uzzan kipot sinaz edo lera deismin des cotchundin rehtes in discono muatum si kesprengit *sed iussio eius vel doctrina fermentum divinae iustitiae in discipulorum mentibus conspargatur* 198,14. (*der Abt*) eervvirdigoron k*euuisso* indi farstantantlihhe muatu eristun edo andrera zuamanungu vuortum keduuinge *honestiores quidem atque intelligibiles animos prima vel secunda admonitione verbis corripiat* 200,33 (*z. St. vgl. Masser, Komm. Ben.reg. S. 97*). huueo farmanente cotan in hella fona suntoom anakant ... muate sinemu simblum inualde *qualiter contempnentes deum in gehennam de peccatis incedunt ... animo suo semper revolvat* 211,4. trohtine gote almahtigen bigiho mina sunta ... in sgahungu mines muotes umbe unarloubidiu 316,6. ni nemant gaumun muotes blinde dhero iro chiliihsamono lugino antdhecchidero *nec adtendunt mente caecati simulationis suae mendacia detegi* I 35,14. dhemar muat ni uuizzi *crepusculum mens nesciat* H 3,7,4 (*z. Bed. vgl. Sieverts S. 296*). niuuer ioh giu muates uuahsamo suazze in tati arrihctit *novusque iam mentis vigor dulces in actos eregit* 5,2,3. cot ... suanari du der muates tauganiu kasihis *deus ... iudex, qui mentis occulta vides* 6,1,4. singem muate tr*uhti*ne *psallamus mente domino* 9,3,1 (*z. Bed. vgl. a. a. O. S. 293*). zahuuiu dencet ir ubil in iuuueremo *muo*te *ut quid cogitatis mala in cordibus vestris* F 1,14. *er selbo* uueiz kauuisso *m*anno gadancha *hlut*t*re* so unhreine uuorto enti uuercho gima*nc* so huueo feeh so iz in muote ist kalega*n* *ille enim cognovit cogitationes hominum mundas et immundas, verborum et operum varietates in corde latentes* 27,13. mittiu sio (*die Frauen am Grab Jesu*) in muote arforhte uuarun *dum mente consternatae essent* T 218,1. joh so wer si hold in muate Frankono thiote O 1,1,124. thih bittu ih mines muates, thaz mir queme alles guates 2,53 (*als adverb. Gen. 'von Herzen'*). ni brutti thih muates [*vgl. ne timeas, Marg. nach Luc. 1,28*] 5,17. frew ih mih in muate gote heilante [*vgl. exultavit spiritus meus in deo salutari meo, Luc. 1,47*] 7,6. Symon bistu muates lind joh bistu ouh dubunkind 2,7,36 (*vgl.* b). in muate iz woltun widoron [*vgl. non crediderunt, Marg. nach Joh. 3,18*] 12,86. min muat ... duat mih wis, thaz thu forasago sis [*vgl. video, Joh. 4,19*] 14,55. salig birut ir arme, in thiu thaz muat iz wolle [*vgl. beati pauperes spiritu, Marg. nach Matth. 5,3, dazu Beda: id est voluntaria paupertate humiles*] 16,1. mag sih frewen iuer muat [*vgl. beati, Luc. 6,20*] 4. salige thie milte joh muates mammunte [*vgl. mites, Marg. nach Matth. 5,4*] 5 (*vgl.* b). thie iro muates waltent joh bruaderscaf gihaltent 6. then muat zi thiu gigange, thaz iro leid sie irbarme [*vgl. misericordes, Marg. nach Matth. 5,7*] 18. blithet iuih muates [*vgl. gaudete, Marg. nach Matth. 5,12*] 37. thaz in thiu muat ni wankon, sin fasto in then githankon 24,15. mit thiu thin muat sih werie, thir wirs ni giburie [*vgl. noli, Joh. 5,14*] 3,4,46. thoh iro muates herti iz emmizigen zurnti 5,16. ziu er scolti io thes githenken joh muates io giwenken [*vgl. quare dubitasti, Matth. 14,31*] 8,45. thaz sie thes irhogetin joh iro muat io manotin 15,11. ni mag thiu worolt, wizit thaz, haben in iu theheinan haz, in abuh keren zi iu thaz muat, so ther liut zi mir duat [*vgl. odisse, Joh. 7,7*] 30. mit worton ioh mit muate lobotun nan zi guate 42. ni mohta tho thaz iro muat firdragan thaz ewiniga guat [*vgl. sustinere ista aeternitatis verba mentes infidelium non valentes, Beda zu Joh. 8,59*] 18,65. oba thu scowost thaz muat, thanne nist thaz wort guat [*vgl. maledictum est, si cor discutias, non si verba perpendas, Beda u. Alc. zu Joh. 9,29*] 20,139. lerta sie avur tho thaz guat joh kert in frammort thaz muat 22,36. (*Jesus*) sih druabta tho thes muates [*vgl. infremuit spiritu, et turbavit se ipsum, Joh. 11,33*] 24,57, *ähnl.* 4,12,2. wir mes duen thie fristi, thaz er in themo muate then liutin sih gisuaze 25,12 (*PV* muozi). joh thaz io thenkit iro muat, wio sie firthuesben thaz guat 4,1,4. in muat iz ... ruarti thie selbun burgliuti 4,60. mit muatu ir mir ni nahet joh mih noh nirknahet 15,32. nu man imo (*Jesus*) sulih (*die Geißelung*) duat, nu lazet kuelen iu thaz muat 23,14. ingegin imo inbran thaz muat, so ofto fianton duat 16. joh irkennit thaz muat, wio selbo druhtin irstuant 5,6,68. joh habet fasto ouh unser muat, sid er fon tode selbo irstuant [*vgl. prima lectionis huius evangelicae quaestio animum pulsat, Greg., Hom. 26*] 12,11. mit minnu thines muates mir unnis alles guates? [*vgl. diligis me? Joh. 21,16*] 15,14. irthenkit wiht io mannes muat: er im es alles reda duat [*vgl. nulla te latet cogitatio, Job 42,2*] 18,16. ubile joh guate; in starcho ist thanne in muate 20,22. ist in harto in muate, wio er bi sie gibiete 62. thaz wir thaz mammunti in thinera munti niazen uns in muate in ewon zi guate 23,30. 60. 132. 174. 186. 196. 208. 222. 234. 244. 258. 272. 286. 298. wari in mir ginoto manag thusunt muato, spracha so gizami, thaz enti thes ni wari 223 (*vgl. noch Erdm. z. St. u. S. 482*). thaz thie alle er nirzelitun, tharazua thoh thingotun, joh ouh zi alaware mit muate warun thare? [*vgl. fui in spiritu in dominica die, Apoc. 1,10*] 238. ther stank (*der Blumen*) ther blasit thar (*im Himmelreich*) in muat io thaz ewiniga guat, suazi filu managa in thie gotes thegana 277. nirfrewe sih mit muatu iamer thar mit guatu Os 46. wir iamer fro sin muates thes ewinigen guates 48. an muodis ouirferdi *in mentis excessu* Pw 67,28, *ähnl.* NpNpw 30,1 (*mens*). 115,11. Np 67,28 (*mens*). NpglNpw 41,10 (Np *mens;* Npw mit ufen intuegenemo muote). lazent mih imo sin muot neren . unde heilen mit minen carminibus Nb 12,28 [10,21]. tia zegehonenne mit andermo unliumende . zigen sie mih umbe des ambahtes minna . daz muot pesmizen haben mit kalstre *quam uti fuscarent admixtione alicuius sceleris . mentiti sunt polluisse me conscientiam sacrilegio . i. nicromantia . ob ambitum dignitatis* 35,3 [28,18]. taz sint fier behefteda des muotes . gaudium . spes . timor . dolor . tero ouh Uirgilius keuuanet . tero zuo ad presens trefent . zuo ad futurum [*vgl. quatuor animae notissimas passiones hic tangit, Rem.*] 50,21 [41,4] (*vgl.* muotbiheftida). nu negeskehent toh nieht neheine gabe sturza dero dingo . âne eteliche undulte dero muoto *verum omnis subita mutatio rerum . non sine quodam quasi fluctu contingit animorum* 52,19 [43,9]. to si in siechen fant sines muotes 98,19 [85,14]. neuueist tv na? Do einen geuualtigen man sines muotes . ter tyrannus uuanda genoten mit cheli . daz er imo meldeti . die dia einunga uuissin diu uuider imo getan uuas [*vgl. liberum animum a terrenis felicitatibus habentem, X*] 104,27 [91,1]. tannan ouh tir troumet . in dinemo muote *quam tuus quoque animus somniat* 127,10 [109,30]. taz ist fone diu . uuanda menniskon muot ist naturlicho des uuaren guotes ker *est enim cupiditas veri boni . naturaliter inserta . mentibus hominum* 129,24 [111,30]. ze uuare chad ih . ih neuuart nio des ih kehuge . so inbunden mines muotes . ih neangesti umbe eteuuaz *atqui inquam . non queo me reminisci fuisse libero animo . quin aliquid semper angerer* 141,15 [120,8]. tu (*Gott*) in dinemo muote iu tragende disa sconun uuerlt *tu gerens mente pulchrum mundum* 177,7

[149,13]. tu daz tuost . kib sinemo muote (*Hs. D* sinne, *Ausg.* K.-T. 2,151a) . daz iz hina ufkestigen muge . ze dinemo cheiserlichen stuole . taz iz himeliskiu ding fernemen muge *da pater menti . s. eius . conscendere augustam sedem* 179,3 [151,5] (*Hs. D S. 151a* sinne). aber der skimo gotes uuistuomes . ter den himel rihtet . unde festenot . ter skihet tia timberun finstri des muotes *splendor quo regitur vigetque caelum . vitat obscuras animae tenebras* 196,22 [163,25]. taz aber die . dero muot so fertan . unde so ubel ist . kuotero muozen ahten . daz ist . taz ih neuuolti *sed quorum atrox scelerataque mens bonorum . pernecie sevit . id ipsum eis licere noluissem* 254,6 [200,20]. also der zimberman . daz er tuon uuile . ze erest in sinemo muote bildot *sicut enim artifex mente percipiens formam faciendae rei* 276,14 [214,6]. uuer ist ouh . ter guot inne halte . unde ubel uz tribe . âne got tero menniskon muoto rihtare . ioh arzenare? *quis autem alius vel servator bonorum . vel malorum depulsor . quam rector ac medicator mentium deus?* 283,24 [219,1]. dien sensibus folget imaginatio. Daz ist tiu pildunga . des muotes . âne diu corpora . also getaniu . so diu ougen an in sahen . alde diu oren horton 335,13 [253,25] (*vgl.* muotbilidunga). chumet manne in droum daz selba gelihnisse . daz heizet fantasma unde illusio ube er iz in sinemo muote so bildot . daz heizet imaginatio 20 [30]. muotes pildunga . doh si bildoe daz einiga bilde . daz si sah *imaginatio contuetur universales species* 337,8 [255,2]. uuio uuerdent sie (*die Bilder*) anagetan unseren muoten? 340,1/2 [256,28]. ube er (*der Affe*) iz in demo muote êr gebildot nehabeti . so nemahti er iz nieht keanteron 343,24 [259,12]. habent iuueriu muot an rehtero gedingi *sublevate animum ad rectas spes* 363,4 [271,20]. allez taz uuerltpilde uuas sament fore Iouis ougon . uuanda in gotes muote . unde in gotes prouidentia . uuas io gebildot . unde sament pegriffen . diu sunderiga misselichi allero creaturarum [*vgl. in mente dei, Rem.*] Nc 744,22 [60,4]. noh ardingun neist mir ana diu minna . diu mih nieht ein neduuinget . also si ouh anderro fatero muot tuot *quae nec frustra mihi insita caritas . ut suevit stringere patria pectora* 765,2 [81,10]. ube aber in demo muote . der uuan dero einun affirmationis uuideruuarto neist sines uuideruuarten . ih meino des uuanes tero anderun affirmationis Ni 579,26 [97,11]. salbotost min muot mit keistlichero frouui *inpinguasti in oleo caput meum* [*vgl. laetificasti laetitia spiritali mentem meam, Aug., En.*] NpNpw 22,5. ih uuile daz din muot fone caritate (minnon) inzundet si [*vgl. animus inflammetur caritate, Aug., En.*] 49,8. dar uuard Moyses kemuohet umbe die . die sin muot eiuer gemachoton *qui exacerbaverunt spiritum eius* 105,33 (= Npw 32). comminationes tuas kehorta ih . dero uuard ketruobet min muot *conturbatus est ... animus meus* Cant. Abac. 16 (Npw ohne animus meus). daz liecht (*Gottes*) nemugen uuir oculis uidere (mit ougon kesehen) nube mente (muote) NpglNpw 4,7. scrodota ih min muot . chosota mit mir selbemo *scrutabar spiritum meum* Np 76,7. der pauper ist spiritu (arm in muote . i. toumuote) Npgl 9,Diaps. 9. ir (*sc.* Iudei) fallent fone elatione animi . sicut unus ex principibus . i. diabolus (irhabini muotis samo einer dero furston daz ist der tiefel) 81,7. daz reht ist ein tugent des muotis, diu urteili ist aue ein uuerh dera tugenda Npw 118 Q,121 (Np *animi*);

β) muot *neben weiteren Begriffen des Denkens u. Fühlens oder in Gegenüberstellung mit 'Körper': neben* githank/geist/hugu/firnumest/uuizzi *'Gedanke, Einsicht, Geist, Verstand, Vernunft, Verständnis':* huku moad *animus* Gl 1,210,11. thaz io bi themo meine thaz muat si fasto heime, then hugu in then githankon ni lazet wergin wankon O 2,21,7. in huge joh in muate zi allemo anaguate 24,16. wir wizin ana wank then thines muates githank 3,17,19. joh ouh giwisso ana wank harto nidiger githank, haz unses muates; bi thiu tharben wir thes guates 5,23,114. sid imago dei (gotes pilde) dir anaist . ih meino ratio (uuizze) unde intellectus (fernumest) . diu ouh mens (muot) keheizzen sint . ziu nestozzest du danne fone dir . souuaz dien missezimet? Npgl 42,5. bediu ne bin ih uuillic ze imphahenne dei gotis uuort, ih ne uuerde iriteniuuuit mit demo geiste des muotis Npw 118 K,73 (Np *spiritu mentis*); – *neben* herza *'Herz':* herza moat *corda animum* Gl 1,84,32. ir sculit ... got minnon uone allemo iuuueremo herzen, uone allemo iuuueremo muote, uone allera iuuuerera chrefte [*deum diligere ex toto corde, tota anima, tota virtute, Beitr. 63,285*] S 162,16. zispreitta ubarhuhtige muote sines herzen *dispersit superbos mente cordis sui* T 4,7. thaz si in herzen thanne, thaz thir es wiht ni intfalle; gidougno in themo muate, theiz thir irge zi guate O 2,21,4. sah ein zi andremo, in herzen was in ango, in muate irquamun harto thero druhtines worto 4,12,14. in herzen joh in muate ni firsehent sih zi guate 5,23,150. truhten ist dien nahe . die mit kemulitemo herzen sint . unde gehaltet er . die nidere sint . in iro muote *iuxta est dominus . his qui tribulato sunt corde . et humiles spiritu salvabit* NpNpw 33,19. ih uuolta die minnon . die mih hazzent . nu irret mih infirmitas mentis (unchraft muotis) . daz chit muotsuht . unde nimet mir dia luteri des herzen Npgl 54,4; – *neben* sela *'Seele':* fona mote edo fona saelu *exanimis* Gl 1,124,39 (*zur silbischen Übers. vgl. Splett a. a. O. S. 191*). allo ziti thio the sin, Krist loko mo thaz muat sin; bimide ouh allo pina, got frewe sela sina Ol 75. min sela lobot got . vnde min muot frouta sih an minemo haltare *magnificat anima mea dominum . et exultavit spiritus meus in deo salutari meo* NpNpw Cant. Mariae 47. rehtes kelust . unde ouh iro gelust . sint peide in dero selo . unde bediu gerot daz muot rehtes . danne iz rehtes keluste gerot *concupivit anima mea desiderare iustificationes tuas* Np 118 C,20; – *neben* sin/inhuct/*lat.* sensus *'Sinn':* uuin muat ni pihabee trhunchali emazzigeru uzzan unsaremu inhucti kalimfanti dinaz trinchem lid *vinum mentem non occupet ebrietate perpeti, sed nostro sensui conpetens tuum bibamus poculum* H 8,7,1 (*zur Bed. vgl. Sieverts S. 297*). tiu ratio ist imo (*dem Menschen*) ubel zeirratenne . igne oppressi luminis . i. acie aggrauatę mentis mit temo geirten sinne des muotes? Nb 323,31 [246,1]. tiedir uuizen uuolton . mannoliches muote anagetan uuerden . sensus unde imagines . fone dien uzeren corporibus *qui credant . i. qui crederent sensus et imaginationes . inprimi mentibus . e corporibus extimis* 339,21 [256,21]. aba dien corporibus chomendo . getrinchent sie (*die Bilder*) in daz muot. Tara habent sie uueg . turh tie sensus 339,30 [256,27]. nu begagenet toh er dien sensibus eteuuaz uzuuert cruozende . unde reizende die chrefte des muotes *praecedit tamen passio in vivo corpore . excitans ac movens vires animi* 341,17 [257,28]. diu troffeni sinero sensuum . furefangoe sines muotes chraft . turh sih uuerchontes *passio corporis . i. corporalium sensuum . antecedat vigorem agentis animi* 342,23 [258,23]. iro muot unde iro sinna sin also betan . unde also tot . so dero simulacrorum [*vgl. videant ergo isti apertis et sentientibus oculis, et adorent clausis et mortuis mentibus, nec videntia, nec viventia simulacra, Aug., En.*] NpNpw 113,8'; Nc 819,25 [138] *s.* b; – *in Ge-*

genüberstellung mit fleisc/lîb/lid/lihhamo/*lat. corpus, corpusculum 'Fleisch, Leib, Körper': mote* [*vix in oratione verba compleverat, et regrediente*] *anima* [*ita corpusculum pueri omne contremuit, Greg., Dial. 2,32, PL 66,192D*] Schulte, Gregor S. 85,1. die gotes iruueliten magide, die imo ire chuske pihaltent, pediu in demo lihnamen unte in demo muote [*vgl. qui incorrupti corpore immaculatum deo munus virginitatis suae integritate afferre conantur, BH, ZfdPhil. 131,59*] S 171,27. ih iiho ouh gote ... huor ubar mez en demo lihamen ente in demo muote 316,17. ich pin schuldik worden ... an unchuschi libes unde muotis *corporis et mentis* 356,42. muat stiurre inti rihte kadiganemu triuaftemu lihamin *mentem gubernet et regat casto fideli corpore* H 3,5,1. dich nu noc fleisges mendi sclehte*m* untar sliufen hizzom fizusheiti*m* noh henge uueralta muat unser uuiho pittames *te nunc nec carnis gaudia blandis subrepant aestibus, dolis nec cedat seculi mens nostra, sancte, quaesumus* 4,4,4. thaz ih mit themo thuruh Krist si umbikirg bifestit in lichamen joh muate zi allemo anaguate O 5,3,6. in muate was in (*den Märtyrern*) genaz (*sc. die ewige Seligkeit*) mer, thanne thaz managfalta ser, thanne in thera fristi thes lichamen quisti 23,67. uuanda eniu fieriu ... uuunna tuont temo muote . also uoluptas corpori tuot *eo quod caetera omnia videantur afferre iocunditatem animo* Nb 134,18 [115,9]. uuanda der agez machondo lichamo . nehabet temo muote daz nieht kareuuo genomen dia uuarheit *namque corpus invehens obliviosam molem . non depulit omne lumen mente* 209,12 [171,18]. ube chustelosi des muotes siehheit ist . also ouh tes lichamen ferchusteda sin siehheit ist *nam si vitiositas est . quasi quidam morbus animorum . ita uti languor corporum* 266,23 [208,6]. mag er ouh tia innerun uuiolichi des muotes uuizen . so die arzata an dien lichamon chedent . taz sie uuizin? *num igitur poterit intueri . illam intimam temperiem . i. conspersionem animorum . velut in corporibus dici solet . s. a medicis?* 283,3 [218,17]. du tate mine lide folgen dero uuiti des muotes. Diu uuiti ist caritas [*vgl. sensum meum in amplitudine tuae caritatis, Sg 27*] NpNpw 17,37. cottidiana scandala (tageliche uuerra) chellent animam iusti (des rehten muot) . nelide er ouh neheine tormenta corporis (uuizze lichamin) Npgl 69,2. video alliam legem in membris meis repvgnantem legi mentis meę (ih kesieho ein andra ea an minen liden uuiderbrechenta minis muotis eo) 6. video legem carnis meę repvgnantem legi mentis meę (ih kesieho minis lichamin ea uuiderbrechinta minis muotis eo) 84,2. in animo (in muote) uuerdent sie perfecti sicut sol (folle also sunna) . in carne sicut luna (in lichamin also mano) 88,38. so fureskiezzent ouh ir carnem mente (daz fleisc mit muote) 97,6. an sinen heiligen die noh in demo libe sint unde doh iro muot in demo himela ist, hat er himil unde erda Npw 112,5;

γ) *stellvertretend für das Pers.-Pron.:* bigonda genu drahton, in ira muate ouh ahton [*vgl. dicebat enim intra se, Matth. 9,21*] O 3,14,17. giwisso weiz thaz unser muat [*vgl. scimus, Joh. 9,31*] 20,151. thaz ther firdano io sageta, thes unser muat nu irhogeta [*vgl. recordati sumus, Marg. nach Matth. 27,63*] 4,36,6. unz ih tiz suigendo in minemo muote ahtota *haec dum mecum tacitus reputarem ipse* [*vgl. tacens cogitans; reputarem i. cogitarem, Rem.*] Nb 8,29 [7,21]. nos ipsi ... in nobismet ipsis ingemiscimvs (uuir selben ... siuftogen tiefo ininhalb muotis unseris) Npgl 31,7 (*vgl.* K.-T. 8,98,10);

b) muot *mit näherer Best. durch ein (Part.-, Pron.-)Adj.* (*zu einzelnen Belegen vgl. auch 2–6*)*:* al: minnos truhtin got thinan fon allemo thinemo herzen inti fon allero thinero selu inti fon allemo thinemo muote inti fon allemo thinemo megine *diligis dominum deum tuum ex toto corde tuo et ex tota anima tua et ex tota mente tua et ex tota virtute tua* T 128,2, *ähnl.* F 30,21 (*mens*); – alang: ungezumftiga noles allemo ente alengomo m*uote* uuider nigiladota ci gizumphti S 316,10; – ander: thaz wir thia wahta irfullen mit anderemo willen, mit anderemo muate, theiz uns irge zi guate O 4,37,6; – armalîh: noh ni quimit uns thiz guat in unser armilichaz muat O 3,3,2; – blîdi: odo iowiht ander, suntar guat, ruere mo thaz blida muat O 5,23,253; *ferner:* Os 43; – blîdlîh: druta sine ... thier in himilkamaru irfullit io mit gamanu blidliches muates O 2,9,10; *ferner:* 5,20,55. 22,2; – gibluuuan: gote ist lieb opher . gebluenez muot *sacrificium deo spiritus contribulatus* NpNpw 50,19; – brazzalîg: unde den sculdigen generen mit prazeligemo muote *atque absolvere reum rabido . i. commoto pectore* Nc 794,16 [112,13]; – githeht: then keporan fona magidi erfurahtit eocalih sela thuruh then unsih erstantan kedehtamu muate kelaubemes *quem editum ex virgine paviscit onmis anima, per quem nos resurgere devota mente credimus* H 24,5,4; – thurri: durre uuas iro muot . daz reizta got ze zorne Np 77,17; – eban: ębanemo uuis du muate *aequo animo esto* [*3. Reg. 21,7*] Gl 1,448,9; *ferner:* S 237,28 (*animus*); – einfalt: hlutaru motu einfaltu moatu edho hlutaru *mero animo simplice vel sincera* Gl 1,209,18; – êuuîg: noh in disses churzen libes friste . neist nieht so unspuotiges . tes ze lang ahtoe zebitenne dehein euuig muot *neque enim est aliquid ita serum . in tam brevibus vitae metis . i. spaciis . quod presertim inmortalis animus . i. sapiens . exspectare longum putet* Nb 255,26 [201,16]; – êuuĭnîg: thaz thar nu gidan ist, thaz was io in gote, sos iz ist, was giahtot io zi guate in themo ewinigen muate [*vgl. omne hoc in spiritali factoris ratione quasi semper vixerat et vivit, Alc. zu Joh. 1,4*] O 2,1,42; – fêh: thoh sint thie liuti missilih, fehemo muate, ubile joh guate O 2,19,24; – festi: festemu muate urtructe cadiganemu uuesante lihamin allan kalaubigemu atume Christe leitte*m* desan tak *firma mente subrii casto manentes corpore totum fidele spiritu Christo ducamus hunc diem* H 4,6,1; *ferner:* O 4,7,26; – fleisclîh: giereta er se (*die Gläubigen*) in then sind, thaz sie warin gotes kind. Ni quamun sie fon bluate noh fon fleislichemo muate [*vgl. qui non ex sanguinibus neque ex voluntate carnis, ... sed ex deo nati sunt, Joh. 1,12*] O 2,2,29; – fol: mit ubilemo willen joh muoton filu follen bigondun sie (die Juden) sih rechan joh avur zimo sprechan O 3,22,41; – frauualîh: leh in lib inti guat joh harto frawalichaz muat O 2,15,12; – frô: wanta druhtin ist so guat, bi thiu eigin iamer frawaz muat O 4,37,44; *ferner:* H 22,1,4 (*mens*). O 2,12,70; – gâhi: unde si sumelichen gahes muotes kab *et aliis impertiens repentinis motibus conferebat* Nc 761,30 [77,20]; – geil: ter geuualtig uuelle sin . der duuinge sin geilla muot . noh nelaze nieht sinen hals uberuuunden uuerden fone geluste . undertanen sinemo scamelichemo bridele *qui se volet esse potentem . ille domet feroces animos nec colla victa libidine summittat foedis habenis* Nb 157,1 [132,27]; – glao: klauu moto [*Nero dixit:*] *suspecto animo* [*me esse fecistis, Pass. PP. 57 p. 169,2*] Gl 2,762,35; – guot: mit cuatu muatu fona discoom keban kerisit *cum bono animo a discipulis praebere oportet* S 208,9; – guotuuillîg: benigna mente (mit kuotuuilligemo muote) neuuaren sie Npgl 61,5; – heil: thenkemes zi guate ouh heilemo muate O

3,26,25; *ferner:* T 53,12 (*mens*). O 4,37,37. Ol 61; – heimlîh: Moab . ex patre . (uzzer fatire) uuanda sin muoter geuuan in be iro fater unmuozhafto . Agareni . proseliti . i . aduenę . non ciuili animo sed alieno . qui nocendi occasione inuenta . se ostendunt (framrecchen ih meino nals mit heimlichemo muote sunder mit fremidemo . die sih ougent scadonnis falgo fundenero) Npgl 82,8; – heitar: tragante muat heitariu *gestantes mentes splendidas* H 1,10,2; – heiz: heizirin muotes [*nisi quod mansuetioris spiritus Titum, et paulo*] *ferventioris* [*vidit esse Timotheum? Greg., Cura 3,16 p. 57*] Gl 2,170,46; – herti: herte uuas daz Georigen muot S 94,9; – irri: untar chręse niheiner inhucti egiso dera forhtun angustlichera ni triuge muat ni irraz lucci manalicho des kasiunes *subrepat nullus sensui horror timoris anxii; inludat mentem ne vagam fallax imago visui* H 15,4,3; *ferner:* 9,3,3 (*mens*); – jâmarag: stuantun thar tho ferron alle sine kundon jamaragemo muate O 4,34,24; *ferner:* 5,23,33; – judeisc: oh huuanda sie mit dhes iudeischin muotes hartnissu Christan arsluogun *sed duritia cordis Iudaici quia ipsi Christum interemerunt* I 28,8; – karag: kharagemu muate [*respondit Aaron: … quomodo potui … placere domino in ceremoniis*] *mente lugubri* [*? Lev. 10,19*] Gl 1,283,31; – keisurlîh: si do luzzel ze erdo sehendiu . unde samoso in iro muote demo cheiserlichen gestatondiu . fieng si sus ana *tum defixo paulolum visu . et velut recepta in angustam sedem . suae mentis . sic coepit* Nb 128,23 [111,6]; – kraftelôs: ube aber daz muot chraftelosez . nieht mit sin selbes roskine getuot *sed si nihil explicat mens . vigens propriis motibus* Nb 340,15 [257,7]; – kreftîg: mit eteuuaz chreftigoren muote *collecto animo in vires . i. collectis viribus in animo* Nb 23,19 [19,11]; – lindi: so er zen wibon thar tho sah joh liublicho zi in ouh sprah lindemo muate, thaz det er in zi guate O 4,37,20; – [h]lûttar: hlutaru motu einfaltu moatu edho hlutaru *mero animo simplice vel sincera* Gl 1,209,17; *ferner:* S 30,34; – mammunti: habe mammuntaz muat O 3,19,35; *ferner:* 11,26; – gimiskit: mit kemistemo *m*uota [*saepe suscepta cura regiminis, cor per diversa diverberat, et impar quisque invenitur ad singula, dum*] *confusa mente* [*dividitur ad multa, Greg., Cura 1,4 p. 5*] Gl 2,199,38; – missi: sus missemo muate sint ubile joh guate O 5,25,80; – muodi: dih … pittemes daz sc*l*af muat unzi den*ne* muadaz pihebit dera kalauba leoht kaliuhte *te … praecamur, ut sopor mentem dum fessam declinet, fidei lux inluminet* H 15,2,3; – nîdîg: wanta nidigaz muat hazzot emmizen thaz guat O 3,14,118; – ginuhtsam: *f*ona ganuhtsamemo muote sprihhit munth *ex abundantia enim cordis os loquitur* F 6,18; – offan: joh wir nan muazin scowon … ofenomo muate, theiz uns irge zi guate O 3,21,35; – quec: ist ellenes guates joh wola quekes muates Ol 68; – reht: in rehtemo muate erge uns iz io zi guate O 3,20,141; – [h]rein: tie (*Halbgötter*) habent himelisken sin . unde reine muot *hi animos caelestes gerunt . sacrasque mentes . i. puras* [*vgl. mens et anima unum idemque est . sed mens dicitur superior pars animae in qua vis rationis consistit, Rem.*] Nc 819,25 [138,18]; *ferner:* S 164,3 (*mens*); – uuidarringanti: *uu*idarringantan *m*uot [*sed plerumque*] *reluctantem animum* [*vincimus, si etiam pro inimicis oramus, Greg., Hom. II,27 p. 1564*] Gl 4,332,39; – rozzîg: salig sint zi guate thie rozegemo muate [*vgl. qui lugent, Marg. nach Matth. 5,5*] O 2,16,9; *ferner:* 1,18,29. 4,32,3. 5,6,41. 50; – semfti: uone diu pitet er gedult, die uillate mit semftemo muote ze tragenne [*vgl. patientissime sustinere, Aug., En.*] Npw 118 I,66 (Np ebenmuoto); – sêr: irougta si tho seraz muat, so wib in sulichu ofto duat O 3,24,49; – sêrag: thie druta giangun guate mit seragemo muate O 5,5,19; *ferner:* 2,13,37. 3,24,10. 5,9,4. 22. 25,58; – sioh: hier ist uns zeuuizenne . mit tien si geheilen uuolta sin siecha muot . taz tie imo uuaren fone iro propositę . in primo libro Nb 303,11 [232,5]; – slaffîg: ich habe gisundot … in slaffigemo muote S 144,35 (*BB* = 34 *WB*); – snel: unde so daz snella muot sie anagetuot . sar diu irdisken ding leidezet *quas cum sibi velox mens induit . terras perosa despicit* Nb 229,21 [184,30]; – firstreckit: farstrache*te*mu muate [*videns ergo Noemi, quod*] *obstinato animo* [*Ruth decrevisset secum, Ruth 1,18*] Gl 1,286,15; – suozlîh: gruazt er sie zi guate sus suaslichemo muate O 2,15,24; *ferner:* 5,12,90; – suozzi: sozzi moat sozzi atum *dulcis animus dulcis spiritus* Gl 1,114,9; *ferner:* S 191,14 (*mens*); – bisuuerit: nio demo lichamen uferrihtemo . daz muot pesuartez . nider ze ferlorni nesucche *ne levato celsius corpore . gravata mens inferior . pessum sidat* Nb 347,26 [262,2]; – gisuuerzit: daz ni kasuarztem muatum tak kalide ueralti *ut non fuscatis mentibus dies abscedat saeculi* H 14,4,1; – tiorlîh: ih giho dir is chad ih to . unde arge ueeiz ih tih mit rehte tier heizen . die tierlih muot habent . toh sie an lichamon menniskon gelih sin *fateor inquam nec iniuria dici video vitiosos . tametsi corporis speciem servent . in beluas tamen animorum qualitate mutari* Nb 254,3 [200,18]; – tob: ih han gesuntit in zorne … in tobemo muote S 145,10 (*WB* in tobimuote); – truobi: truobe muot quan ih fone dero faro minero garrulitatis (spileuuorto) *turbatus sum* Np 76,5; *ferner:* NpNpw 30,11; – tugidîg: sumeliche uuile er mit arbeiten gebeizet uuerden . taz sie tugedigiu muot quuinnen sih hertendo . unde uuonendo gedulte *alios duris agitari . ut virtutes animi patientiae usu . atque exercitatione confirment* Nb 286,11 [220,17]; – ubil: k*euuisso* mit ubilo muatu ibv hoorit disco indi nalles einin munde uzzan sosama in herzin ibu murmoloot *nam cum malo animo si oboedit discipulus et non solum ore, sed etiam in corde si murmoraverit* S 208,12; *ferner:* O 5,23,112; – unthuruhsihtîg: unde uuartent ir alarehto fure ze demo saligen uzlaze . souuio ir iz mit undurhsihtigemo muote tuent *verumque illum finem beatitudinis prospicitis . qualicumque cogitatione . licet minime perspicaci* [*vgl. intentione, Rem.*] Nb 140,9 [119,10]; – unfruot: ni irri muat in unchusgem unfruatiu deche muat *ne vaga mens in turpibus inertes tegat animos* H 9,3,4 (*zum Plur. animos als pars pro toto für Personen vgl. Sieverts S. 294; vgl.* 6); – ungimah: ouh sih tharzua ni nahit wiht, thes ist ginait (ungimaches muates), noh wiht, thes ist giduahtes [*vgl. in unum omnes colligit, Beda u. Alc. zu Joh. 19,24*] O 4,29,10; – un[h]reini: er huorot sia giwaro in herzen ju sar suaro mit unreinemo muate O 2,19,6; – unstâti: diu serra bizeichenet den, der dir ist unstades muodes, der dir eine uuile schinet annen rehden uuerchan unde aber an dien nieht neuollestet S 130,110; – uuâhi: uuohirun mutas [*nisi quod*] *mansuetioris spiritus* [*Titum, et paulo ferventioris vidit esse Timotheum? Greg., Cura 3,16 p. 57*] Gl 2,170,44; – giuualtîg: maht tu ieht uzerdreuuen geuualtigemo muote? *num quicquam imperabis libero animo?* Nb 104,18 [90,24]; – uuackar: uuafanu*m* kahaltini ..agini muat arspriuzzit uuachar friiem urtrhuhtidu kasinde fiant uuidar scurge unchuscan *armis pudicitiae mens fulta vigil liberis subrietate comite hostem repellat inprobum* H 18,3,2; – intuuegan: ziuuiu stieze du mih uuidere, do ih mit ufen intuegenemo muote gechoreta dero himeliscun suozi?